数据要素市场化

"数据宝模式" 研究

李海舰　彭绪庶　罗以洪　李雯轩◎著

MARKETIZATION OF
DATA FACTORS:
RESEARCH ON "CHINADATAPAY MODE"

经济管理出版社
ECONOMY & MANAGEMENT PUBLISHING HOUSE

图书在版编目（CIP）数据

数据要素市场化："数据宝模式"研究/李海舰等著．—北京：经济管理出版社，2024.5
ISBN 978-7-5096-9687-3

Ⅰ.①数… Ⅱ.①李… Ⅲ.①数据管理—信息产业—研究 Ⅳ.①F49

中国国家版本馆 CIP 数据核字（2024）第 089278 号

责任编辑：胡　茜
助理编辑：杜羽茜
责任印制：许　艳
责任校对：陈　颖

出版发行：经济管理出版社
　　　　　（北京市海淀区北蜂窝 8 号中雅大厦 A 座 11 层　100038）
网　　　址：www.E-mp.com.cn
电　　　话：(010) 51915602
印　　　刷：唐山昊达印刷有限公司
经　　　销：新华书店
开　　　本：720mm×1000mm/16
印　　　张：13.5
字　　　数：182 千字
版　　　次：2024 年 5 月第 1 版　　2024 年 5 月第 1 次印刷
书　　　号：ISBN 978-7-5096-9687-3
定　　　价：98.00 元

● 中国社会科学院创新工程学术出版资助项目

● 中国社会科学院重大创新项目"数字文明与中华民族现代文明关系研究"（项目批准号：2023YZD057）支持

前　言

一

习近平总书记指出："近年来，互联网、大数据、云计算、人工智能、区块链等技术加速创新，日益融入经济社会发展各领域全过程，各国竞相制定数字经济发展战略、出台鼓励政策，数字经济发展速度之快、辐射范围之广、影响程度之深前所未有，正在成为重组全球要素资源、重塑全球经济结构、改变全球竞争格局的关键力量。"① 数字经济发展之所以能产生如此深远的影响，受到各国高度重视，非常重要的一个原因是，与农业经济时代和工业经济时代相比，除了技术等生产力的进步外，数据成为继土地、劳动力和资本后的一种新型生产要素。离开数据，数字经济发展就是"无源之水、无本之木"。数据的流通使用不仅能改变微观经济的企业管理、生产运作、产业结构和经济运行，赋能实体经济，而且数据驱动形成的平台经济、共享经济、网络经济、无人驾驶等新模式、新业态也推动了人类生活方式的颠覆性变化。数据已全面深度融合生产、流通、分配、消费和公共服务以及几乎生

---

① 《重磅披露！习近平在十九届中央政治局第三十四次集体学习时讲话的主要部分》，https：//baijiahao.baidu.com/s？id=1722026374816307701&wfr=spider&for=pc，2022 年 1 月 15 日。

活服务的所有环节，成为经济社会数字化、智能化转型的基础，是数字经济发展最重要的"拼图"之一，也是数字经济发展的关键生产要素。

人工智能曾被认为是与基因工程、纳米科学并列的 21 世纪三大重要前沿技术之一。2017 年，国务院印发《新一代人工智能发展规划》，指出人工智能发展是重大战略机遇和重大历史机遇。2022 年 11 月，美国人工智能研究实验室 OpenAI 推出人工智能技术驱动的自然语言处理工具——ChatGPT，迅即引爆了全球互联网、投资界和产业界，月活用户在短短 2 个月内就超过了 1 亿。2023 年 3 月，百度公司基于其最新研制的大语言模型，向市场推广具有生成功能的人工智能平台——文心一言，短短几个小时内申请接入使用的企业超过 6 万家。这表明，以 ChatGPT 和文心一言等为代表的生成式人工智能技术创新出现重大突破，初步呈现了颠覆性技术创新的潜能，不仅是培育打造经济新增长点的创新引擎，而且将深刻改变未来人类生产生活，很可能也将成为改变国际科技和经济竞争格局的重要力量。从媒体报道和相关研究可以看出，生成式人工智能创新离不开算法、算力和数据三个关键要素。由于数据是决策分析的基础，数据质量、丰富性和多样性等对人工智能算法训练和学习至关重要[①]。例如，百度文心一言大模型的训练数据包括万亿级网页数据，数十亿搜索数据和图片数据，百亿级语音日均调用数据，以及 5500 亿事实的知识图谱等；ChatGPT-3 的训练数据主要是文本数据，规模超过 45TB。从表 0-1 可以看出，大规模参数已成为人工智能大模型的基本要求，需要多种来源的大规模数据集进行训练，甚至有研究预测，按照目前的发展速度，到 2026 年，ChatGTP 等大模型的训练很可能将耗尽互联网上的可用文本数据。由于数据规模与质量直接关系到大模型的解释能力，有利于加

[①] 算法是通过分析处理数据以实现某种特定功能或任务的一组数学和逻辑操作策略机制，因此，算法本身可以认为是一种数据。

快寻求最优解，减少训练时间（见图0-1），因此，在某种意义上，数据规模和数据质量直接制约了生成式人工智能模型的应用适应能力和准确性，数据不仅是人工智能企业的核心竞争力，而且是适应未来 AI 大模型时代竞争的关键要素，也将是国家在人工智能时代的重要竞争力。

表 0-1　大模型训练数据来源及其参数规模

数据来源 大模型	训练数据来源（GB）							参数规模 （B）
	维基百科	书籍	学术期刊	Reddit	Common Crawl	其他	总计	
GPT-1	—	4.6	—	—	—	—	4.6	—
GPT-2	—	—	—	40	—	—	40	—
GPT-3	11.4	21	101	50	570	—	753	175
The Pile V1	6	118	244	63	227	167	825	—
Megatron-11B	11.4	4.6	—	38	107	—	161	—
MT-NLG	6.4	118	77	63	983	127	1374	530
Gopher	12.5	2100	164.4	—	3450	4823	10550	280

资料来源：姚前：《ChatGPT类大模型训练数据的托管与治理》，《中国金融》2023年第6期。

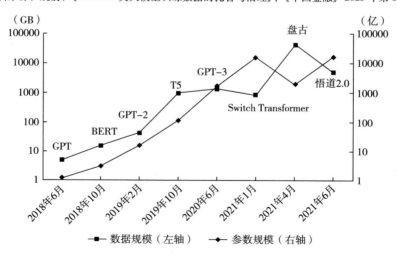

图 0-1　大模型与训练数据规模间的正相关关系

资料来源：中国信通院、中银证券。

数据是事物的数字化记录，反映的是对事物属性事实作为一种未经处理的信息原材料的数字化表现形式。原始信息经加工处理后可参与社会生产活动，数据集合成为数据资源而具有经济资源价值。数据要素就是参与社会生产过程，创造社会价值，为所有者或使用者带来经济价值的数据资源。互联网上数据类型多样，如网页、语音、视频、图片甚至计算机程序等；来源多样，通常包括网站和计算机程序、网络百科、期刊数据库、电子书、社交媒体、网络爬虫数据库和各种数据库等。由此可见，分散孤立的单一数据并不会自动成为数据要素，只有不同类型、不同来源甚至不同所有者的数据参与社会生产过程，或具备参与社会生产过程的条件，数据才能成为数据要素。据美国媒体报道，2023 年，由于涉及未经许可的网络爬取数据用于人工智能大模型研发，OpenAI 和谷歌都先后遭到不同企业和组织发起的诉讼。国内学而思的 AI 大模型 MathGPT 也因此惹上诉讼官司。为应对 OpenAI 等人工智能企业的大规模数据爬取，马斯克在社交媒体 X（原推特）实行登录才能浏览网页版内容政策，实行不同用户日阅读推文数量限制政策，以及面向企业实行每月 4.2 万美元的"X"API 订阅收费措施。显然，如果不能畅通数据向数据要素的转化通道，建立健全相应保障机制，将直接影响人工智能等数字技术创新。要构建以数据为关键要素的数字经济，数据价值化已成为和芯片等"卡脖子"技术一样的短板。人工智能技术创新驱动数字经济发展进入下半场，进一步提升了数据对数字化智能化发展的重要性，迫切需要加快推动数据要素化、价值化进程。

二

我国高度重视数据要素市场建设。2015 年，国务院印发《促进大数据发展行动纲要》，提出数据已成为国家基础性战略资源。党的十九届四中全会首次将数据列为与劳动、资本、土地、知识、技术、管理并列的生产要素，明确了数据要素的经济地位。2020 年，中共中央、国务院印发《关于构建更加完善的要素市场化配置体制机制的意见》，首次将培育数据要素市场与发展劳动、资本等要素市场同等重视。"十四五"规划纲要和《中共中央　国务院关于加快建设全国统一大市场的意见》，进一步对数据市场建设进行了任务部署，系统提出要加快推动数据要素市场化探索。2022 年 12 月，中共中央、国务院印发《关于构建数据基础制度更好发挥数据要素作用的意见》（又称"数据二十条"），明确提出要"加快构建数据基础制度"，促进数据高效有序流通，让高质量数据"活起来、动起来、用起来"，激活数据要素赋能实体经济和推动高质量发展的潜能。2023 年 3 月，中共中央、国务院印发了《党和国家机构改革方案》，明确提出要组建国家数据局。2023 年 10 月，国家数据局正式揭牌成立，未来将负责统筹数据资源整合共享和开发利用，协调推进数据基础制度建设等工作，充分反映了党中央对数据要素问题的高度重视。

近年来，我国数据要素市场化和数据要素市场建设取得显著成就。我国数字经济发展居于世界领先地位，数字经济与实体经济融合水平不断提升，叠加我国超大规模市场优势，为数字经济发展提供了丰富的应用场景，推动我国形成了加快数字化智能化转型发展的海量数据优势。不同研究都证实，当前我国数据规模居世界第二位，仅次于美国，但我国数据增长相对更快，预计最迟 2030 年我国数据规模将超过美国[①]。数据规模大，再加上数据标签成本相对较低，"数据的力量"甚至被认为是人工智能时代中美竞争的重要

---

① 杨晶、李哲：《大国博弈背景下加强我国数据资源布局的思考》，《全球科技经济瞭望》2023 年第 9 期。

优势①。据研究估计，2021 年我国数据要素市场规模达到了 815 亿元，预计"十四五"期间市场规模复合增速将超过 25%②。据不完全统计，截至 2021 年底，全国省级公共数据开放平台已达到 24 个，开放的有效数据集近 25 万个③。截至 2022 年底，全国已有贵州、北京、上海、江苏等地成立数据交易所（中心）48 家④。

值得注意的是，我国高质量数据仍然主要是公共数据，占比 80% 左右。由于数据要素市场化基础制度建设刚起步，公共数据的开放程度和共享程度仍然较低。以政务数据为例，各省份数据开放平台上线开放数据规模和层次不一。2020 年底，约 50% 的数据开放平台上线数据集不超过 100 个，能按季度持续新增或更新数据集的数据开放平台不足 10%⑤。此外，数据采集、加工和发布缺乏标准化，不同地方平台之间相互封闭，普遍存在数据调用难、调用数据容量小的问题，公共数据管理者普遍面临对数据"不敢用"和"不会用"的困境，"数据碎片化"和"数据孤岛"现象较为突出，严重影响数据要素流通。从市场交易来看，虽然数据交易所数量众多，但规范的数据场内交易规模占比极低，业界估计尚不足 3%。因此，应充分发挥地方和企业积极性和自主性，多渠道探索数据要素市场化的有效路径和新模式，推

---

① Lee Kai-Fu, *AI Superpowers: China, Silicon Valley, and the New World Order*, Boston, MA: Houghton Mifflin Harcourt, 2018.

② 《中国数据要素市场发展报告（2021－2022）》，https://dsj.guizhou.gov.cn/xwzx/gnyw/202211/t20221125_77220298.html，2022 年 11 月 25 日。

③ 《国家互联网信息办公室发布〈数字中国发展报告（2021 年）〉》，http://www.cac.gov.cn/2022-08/02/c_1661066515613920.htm，2022 年 8 月 2 日。

④ 《国家互联网信息办公室发布〈数字中国发展报告（2022 年）〉》，http://www.cac.gov.cn/2023-05/22/c_1686402318492248.htm? eqid = e964285800089bd400000004646d59f6&wd = &eqid = 8d7400a400061ac00000000465770cc3，2023 年 5 月 22 日。

⑤ 《数据治理：数据开放与共享的现状与未来》，https://www.esensoft.com/industry-news/dx-20794.html，2022 年 11 月 28 日。

动数据高效有序流通，满足市场快速增长的多元化数据需求。

三

调查研究是我们党的优良传统，党的正确的理论、路线、方针和决策都是在广泛调查研究的基础上产生的。2021 年，中国社会科学院启动第三轮国情调研基地建设，贵州省是其中之一。根据中国社会科学院与贵州省人民政府签署的"院省合作框架协议"，由中国社会科学院数量经济与技术经济研究所对接贵州省社会科学院，具体负责国情调研贵州基地建设任务。中国社会科学院数量经济与技术经济研究所结合在数字经济等领域形成的突出优势，与贵州省社会科学院合作，重点围绕贵州在大数据和数字经济领域的创新实践开展调研，目的是了解贵州数字经济发展情况，分析苗头性、趋势性重大政策问题，为中央和贵州实施有利于推动数字经济发展的相关政策举措提供决策参考，同时捕捉前瞻性、战略性的重大研究课题，把科研工作建立在调查研究的基础上，"将论文写在祖国大地上"。

2022 年 12 月发布的"数据二十条"不仅提出了数据要素化和数据要素市场建设的重大理论和现实问题，也是当前学界和业界广泛关注的热点问题和难点问题。贵州省在全国率先提出实施大数据战略，于 2014 年 12 月 31 日成立全国乃至全球首家大数据交易所，大数据已成为贵州发展的亮丽名片。近十年来，贵州率先开启我国数据要素市场化探索，取得了较好成效，涌现了一批可借鉴可示范的典型案例和路径模式，探索形成了一批可复制可推广的政策举措和宝贵经验。因此，中国社会科学院数量经济与技术经济研究所和贵州省社会科学院商定将数据要素市场建设确定为 2023 年度国情调研主题。

贵州数据宝网络科技有限公司（以下简称"数据宝"）即是中国社会

科学院数量经济与技术经济研究所和贵州省社会科学院合作 2023 年度国情调研中发现的典型案例之一。早在 21 世纪初，互联网引入中国后不到 10 年，数据宝的创业者即敏锐地意识到数据在互联网时代的独特价值，开始在上海从事数据开发和数据商业化等工作，是我国较早开展数据要素市场化探索的先行者。2016 年，数据宝在贵州省贵安新区成立，公司定位于国有数据代运营商。一方面，数据宝充分汲取了创业者前期探索的宝贵经验，即必须从国情出发重视数据的主权属性，尤其是要重视国有数据的公共属性，必须坚持安全优先重视数据治理工作，必须确保数据合法合规流通。另一方面，数据宝充分把握了数字经济发展的新需求和数字技术演进的新趋势，立足场景应用重点打通从数据向数据产品的转化，积极利用人工智能技术推进数据产品开发和数据安全治理。截至目前，数据宝已与 50 多家国有数据资源方（部委厅局、央企、地市国企等）建立国有数据授权运营合作关系，公司产品广泛应用于泛互联网、交通物流、金融保险、智慧政务、政务大数据交易流通等多个行业。2019 年，"数据宝"入选贵安新区首批"大数据小巨人企业"，2020 年入选"贵州大数据企业 50 强"，2021 年入选贵州服务企业 50 强、获评国家级大数据产业发展试点示范项目，2022 年入选 2022 年度数据要素典型应用场景优秀案例。显然，数据宝围绕国有数据成功走出了一条独特的数据要素市场化之路。数据宝肇始于贵州提出大数据战略，是贵州大数据战略的重要参与者和见证者。鉴于此，希望在调研基础上，分析解剖数据宝案例，分析提炼"数据宝模式"，探寻数据要素市场化和数据要素市场建设的普遍性问题，总结数据宝的典型实践和成功经验，为加快推动数据要素市场建设和数据要素市场化探索提供重要借鉴和有益启示。

中国社会科学院数量经济与技术经济研究所联合贵州省社会科学院先后三次深入数据宝及其关联合作企业进行调研，与数据宝董事长汤寒林先生及相关业务管理人员进行了多次访谈和会议交流，试图通过解剖数据宝这样一只"麻雀"，展现数据要素市场化的典型实践和发展路径。但"麻雀虽小，五脏俱全"，加之数据要素市场化是新鲜事物，发展快，变化多，调研获取的信息和调研者的知识总是有限的，本书部分资料难免存在遗漏缺失甚至失误之处，研究得出的结论和观点也不一定全然正确，恳请读者批评指正。

本书是集体研究的成果，各章具体撰稿人如下：第一章：彭绪庶、张宙材；第二章：李文军、李玮；第三章：罗以洪、陈涛；第四章：白延涛；第五章：端利涛；第六章：叶秀敏；第七章：李雯轩、李真真；第八章：左鹏飞。

李海舰

2023 年 12 月

目　录

第一章

数据要素市场化的基础理论

第一节　数据要素的内涵与特征

一、生产要素及其演进

生产要素是在社会生产经营活动中用于商品和服务生产的基本资源或要素。人们对生产要素的认识是在不断变化的。早期重农学派认为，只有农业才能生产物质和创造物质财富，而土地生产物即便不是国家收入和财富的唯一来源，至少也是主要来源。相应地，土地即便不是唯一，也是最主要的生产要素。古典政治经济学的创始人威廉·配第提出了关于劳动价值论的思想萌芽："土地为财富之母，而劳动则为财富之父和能动的要素。"[①] 显然，主

[①] 威廉·配第：《赋税论》，载《配第经济著作选集》，陈冬野、马清槐、周锦如译，商务印书馆1997年版。

张通过增加人口而增加劳动力的配第认为，土地和劳动对于创造物质财富同等重要，甚至劳动更为重要，商品的价值可通过生产商品的劳动时间来衡量。配第的"生产要素二元论"也被认为是最早的生产要素理论。稍晚，法国经济学家萨伊的"生产要素三元论"[①] 则认为，商品的价值是由劳动、资本和土地这三个生产要素共同创造的。20世纪初，新古典经济学家马歇尔的"生产要素四元论"[②] 进一步将组织提到与劳动、资本和土地等并列的位置。而后，随着技术和知识等被列为第五生产要素，"生产四元素论"变为"生产五元素论"[③]。2017年12月8日，习近平总书记在主持中共中央政治局就实施国家大数据战略进行的第二次集体学习时指出："要构建以数据为关键要素的数字经济。"《中共中央　国务院关于新时代加快完善社会主义市场经济体制的意见》和《中共中央　国务院关于加快建设全国统一大市场的意见》明确提出，要加快培育发展数据要素市场，正式确立了数据作为新型生产要素的地位。

认识是实践的反映，生产要素的使用和配置反映了人类生产力的变化。在不同时代的技术条件下，生产要素的内容和形式也在不断变化。在农业经济时代，主要的生产和生活都离不开开发利用土地，生产力低下，财富创造主要依靠土地和劳动力数量，土地和劳动无疑是最重要的关键生产要素。在工业经济时代，技术革命推动生产力大幅提升，机械化生产代替过去以人力和自然力为主的生产。劳动虽然是产生剩余价值的根源，但劳动本身是"可变资本"，只有与"不变资本"结合，才能成为创造财富的必需物质条件。规模化大工业的本质是资本经济，投入的资本规模越大，生产规模相应也越

---

① 萨伊：《政治经济学概论》，陈福生、陈振骅译，商务印书馆1997年版。
② 马歇尔：《经济学原理》，朱志泰、陈良璧译，商务印书馆1997年版。
③ 约翰·肯尼斯·加尔布雷思：《经济学与公共目标》，丁海生译，华夏出版社2000年版。

大。不仅资本成为创造财富的新关键要素，资本本身也成为财富的一种表现形式。在工业经济时代，资本成为关键生产要素，同时技术、管理、知识的作用日益凸显。在数字经济时代，随着人工智能、区块链、云计算、5G 等数字技术的应用，数字经济与实体经济深度融合，使得数据成为继土地、劳动力、资本、技术、知识、管理之后的新生产要素。在后工业时代，随着由产品生产型经济占主导逐步转向由服务型经济占主导，劳动力逐步从农业和制造业转移出来，专业与技术人员构成的知识阶级从就业结构中分化出来并占据主导地位，知识开始占据中心位置，反映了大学和科研院所等技术创新的重要性不断上升，人力资本、知识、技术甚至管理等开始成为新的生产要素。技术进步将人类推进到数字经济时代，5G 通信、云计算、人工智能、区块链等数字技术作为一种通用目的的技术，不仅广泛渗透到生产生活的各个领域，而且重塑了人类的生产生活方式，数据是伴随数字技术应用必不可少的投入，开始成为新的关键生产要素。

二、数据与数据要素

（一）数据的概念

在不同语境下，数据有不同的含义或理解。例如，根据国际标准化组织（ISO）的定义，数据是对事实、概念或指令的一种特殊表达形式，用数据形式表现的信息能够被更好地用于交流、解释或处理。在《现代汉语词典（第七版）》中，对于数据的解释是："进行各种统计、计算、科学研究或技术设计等所依赖的数值。"在计算科学中，通常认为数据是指所有能够输入计算机程序处理、反映一定事实、具有一定意义的符号介质的总称。数据的概念与信息密切相关，数据在很多时候被视为信息的一种表现形式或者数字化

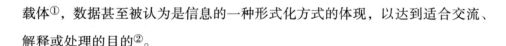

载体①，数据甚至被认为是信息的一种形式化方式的体现，以达到适合交流、解释或处理的目的②。

（二）从数据到数据要素

数据是数据要素的基础，但数据和数据要素是两个不同的概念。正如人是作为生产要素的劳动的基础，但不能简单地将人全部归为生产要素。人需要通过教育培训并参加生产过程才能成为劳动力和生产要素。与此类似，数据是对客观事实或事物等的数字化记录或描述。从生产过程的角度来看，数据还是一种未经加工处理的原始无序材料，只有将数据经过采集、清洗与整理、存储与管理、分析与挖掘、解释与解读、生成等一系列加工处理过程，并应用到生产中，数据才能真正发挥生产要素的作用并创造新的价值，此时数据才能被称为生产要素。从法律的角度来看，数据成为关键生产要素，意味着数据可以如同劳动、资本和技术等一样，在参与生产过程创造价值后享有收益分配权，只有可确权的数据才能成为数据要素。相应地，数据必须是可量化、可定价、可流通和可监管的，并在此基础上结合数据本身的可使用性，数据才能真正成为数字经济的关键要素。

（三）数据要素的概念与内涵

数据在不同学科、不同领域中有不同的含义，但数据要素则是一种有特定内涵的经济概念。国家工业信息安全发展研究中心指出，从形态来看，数据要素可以是数字、文字、图像、声音等的电子化形式，它们根据其特定的语义和语法规则来组织和表达，通过将原始数据进行采集、加工整理、分析、确权等步骤，使数据成为具备潜在利用价值的数据资产，通过在市场上

---

① 徐翔、厉克奥博、田晓轩：《数据生产要素研究进展》，《经济学动态》2021 年第 4 期。

② ISO/IEC，"Information Technology-Vocabulaer, Online Browsing Platform"，https：//www.iso. org/obp/ui/en/#iso：std：iso-iec：2382：ed-1：v2：en.

进行交易流通，使这些数据资产为社会生产经营活动带来经济效益，从而使数据具备一般生产要素的特征和功能。中国信息通信研究院认为，数据要素是专指参与到社会生产经营活动，能够为其所有者和/或加工者及使用者等带来直接或间接的经济效益，并以电子方式记录的数据资源。在本书中，我们认为，数据要素指的是根据特定生产需求汇聚、整理、加工而成的计算机数据及其衍生形态，投入于生产的原始数据集、标准化数据集、各类数据产品及以数据为基础产生的系统、信息和知识等，均可纳入数据要素讨论的范畴。

数据要素是数字经济发展的第一要素。土地和劳动力是农业经济时代的关键生产要素，资本和技术是工业经济时代的关键生产要素。数字经济已成为人类经济发展的新趋势。数字技术经济时代并不否认土地、劳动力、资本和技术等原有生产要素依然重要，但随着万物皆可数字化，数据要素参与生产过程，不仅在虚拟世界创造了与现实物理世界平行的新经济模式，如电子商务、在线娱乐、数字化产品和数字化生活等，还通过链接虚拟世界和物理世界创造了新商业模式，如平台经济、共享经济和分享经济等。更重要的是，只有数据要素的参与促进数字经济与实体经济深度融合，才能更有效地放大数字技术等原有生产要素的乘数效应，提高生产效率，甚至创造数字人等替代原有生产要素。数据要素在数据分析、数据挖掘和机器学习等领域中起着至关重要的作用，通过对数据要素的分析和处理，可以揭示数据中隐藏的模式、关系和趋势，从而支持决策和预测。数字经济改变了原有商业和生产组织的规则，形成了经济增长的新动能甚至新的经济形态，其真正的深层次原因是，数据要素化不仅改变了生产力和生产关系，还改变了经济价值和财富创造的内在机理和基本逻辑，甚至改变了人类对基本世界的认识。因此，数据要素是数字经济时代最重要的生产要素。

数据要素是经济主体重要的战略资产。数据要素可以创造价值，为数据产权人带来经济利益。人工智能大模型训练需要大量的数据，这表明数据规模和数据质量将直接影响大模型训练质量。在数字经济时代，数据将成为财富和权力的代名词，数据将直接决定企业和国家的创新能力与竞争力。数据是微观经济主体拥有的战略资源，意味着数据要素是经济主体重要的资产。相应地，数据要素可以进入经济主体的资产表，进而可以质押，以金融产品的形式进入资本市场。因此，数据要素除可以通过直接参与生产过程创造财富外，还可以通过资产化成为一种新的资本形式，以金融资本的形式为微观经济主体带来财富。

数据要素化是数据参与生产过程创造财富的价值增殖过程。有研究认为，数据要素化创造价值主要通过以下三种途径：一是数据要素与传统要素融合，提升传统单一生产要素的效率，实现价值倍增；二是激活甚至替代传统生产要素的投入和功能，在实现传统要素投入减少的同时创造更高价值和更多物质财富，形成投入替代；三是促进传统生产要素和资源的优化配置，提高资源配置效率[①]。事实上，从数据到数据要素的过程中，数据经历了从最初原始数据资源的采集，到经过清洗与整理、入库变成标品，汇聚成数据集合，再到最后提供数据产品或服务，参与生产过程支撑形成的商业模式和新的产业形态，赋能重塑生产过程和促进提高生产效率。随着数据的形态不断变化，创造新的财富，数据要素的价值逐步得到体现。

---

① 李纪珍、钟宏等：《数据要素领导干部读本》，国家行政管理出版社 2021 年版。

三、数据要素的主要特征

（一）数据要素作为生产要素的一般特征

数据要素作为数字经济时代新的关键生产要素，虽然与土地、劳动力、资本、技术等传统生产要素相比具有不同特征，但仍然具有作为生产要素的普适性、经济性和主导性等特征。

1. 普适性

随着数字经济的快速发展，数据已经成为生产、管理和决策过程中不可或缺的要素。在宏观层面，数据要素在制造业、金融业、医疗健康、零售业、教育、交通、能源等领域高度渗透，数据在其中扮演着重要的角色，不同行业和领域的组织都需要数据来支持它们的业务活动和决策过程。在微观层面，数据不仅仅用于特定的部门或功能，它能够支持整个组织的各个层面和职能。在企业中，从销售和市场营销到供应链管理、人力资源、财务和运营，数据都具有普适性，可以为不同功能的部门提供关键信息。同时，数据要素能够提供洞察、趋势分析和预测，为决策者提供支持和指导。通过数据分析和挖掘，可以发现新的商业机会、优化运营效率、提升竞争水平。企业、政府和组织可以利用数据在国际市场上进行竞争和合作，推动全球创新、合作与发展，在全球范围内应用与共享。

总之，数据要素的普适性特征使其在各个领域和行业中扮演着重要的角色。无论是企业、政府机构还是非营利组织，都需要充分利用和管理数据，以实现创新、增长和可持续发展。

2. 经济性

数据成为生产要素，首先是由于数据参与经济活动，能为数据产权人带来收益,能为经济活动创造财富,产生经济效益,因此,数据本身具有经济价值。除此之外,数据要素与有限的物质资源要素不同,数据具有较低的生产成本和边际成本。一份数据的使用并不会消耗或降低其原有的价值,多个个体或组织可以同时使用同一份数据,而不会相互排斥。同时,一份数据可以被多个领域使用,一份数据也可以有多种用途,通过合理的数据整合与分析,可以从同一份数据中获得不同的应用场景,从而使数据具有潜在的经济效益,能够为不同的经济活动提供支持。此外,随着数据不断的累积和分享,数据要素所特有的经济特征使数据的价值会不断增加。当更多的个体或组织使用和贡献数据时,数据的网络效应将带来更多的经济效益和增值。

总之,数据要素在经济社会活动中具有重要的经济价值,能够为政府、企业、科研机构等提供决策支持和创新驱动,推动经济的增长和发展。

3. 主导性

在现代社会中,数据要素在经济、科技和社会发展中发挥着越来越重要的作用,数据对决策和分析的驱动、对科技创新和技术发展的推动以及对社会发展和治理起到了主导性影响作用,数据要素已经成为推动创新、决策和发展的核心要素。首先,数据驱动的方法、模型和工具为现代经济活动和管理决策提供了越来越大的便利性,数据的采集、整理和分析等工作可以帮助企业和组织更好地了解市场需求、消费者行为与供给质量,从而制定更准确的产品方案和市场策略。其次,随着数字技术的不断进步和数据处理能力的快速提升,由数据驱动的技术得到了广泛应用,在大量的、可靠的数据支持下,数字技术的发展不断加速,同时也为数据的收集、处理和利用提供了新的可能性和方法,数据要素对经济社会发展的影响越来越大。最后,在确保数据安全、隐私保护等问题的前提下,通过数据的采集、分析与挖掘,政府和公共机构可以更好地了解社会问题和公众需求，制定更有效的政策和措施，使社会管理变得更加科学和精确，为社会的发展提供了更多的可能。

（二）数据要素作为新型生产要素的主要特征

1. 软要素与硬要素的一般比较

根据生产要素的物质性与非物质性、具体性与抽象性等因素，可将生产要素划分为硬要素与软要素。硬要素通常是指物质性的、具体的生产要素，如劳动、土地、资本的传统"三要素"，软要素通常是指非物质性的、抽象的生产要素，如技术、知识、管理、数据等要素。与硬要素相比，软要素是高位资源、高位要素[①]，在使用时不仅具有更显著的非竞争性和非排他性，而且具有更高的外部性，并呈现出边际成本递减和边际收益递增的常态特性。

从非竞争性与非排他性来看，硬要素的竞争性只允许要素在同一时间内被一个主体使用，其价值在使用后具有消耗性，硬要素的排他性使用决定了硬要素的留存性低，存在边界，且是静态的，要素间的渗透性、连接性、替代性弱，硬要素的外部性低；相反，软要素的非竞争性允许要素在同一时间内被多个主体反复使用，其价值在使用后具有非消耗性，并且软要素的非排他性使用决定了软要素的留存性高，可以无界延续，且是动态的，软要素启动、渗透、连接、替代硬要素[②]，构成"软硬要素"协同的生产要素系统，数据要素的外部性高。

从边际成本与边际收益来看，硬要素在使用中会折旧和贬值，使用次数受限，越用越少、越用越不值钱，呈现出边际成本递增、边际收益递减等特

[①]　李海舰、赵丽：《数据价值理论研究》，《财贸经济》2023 年第 6 期。
[②]　孙凤娥：《模块化网络组织租金分配研究》，《中国工业经济》2013 年第 11 期。

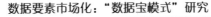

征；相反，软要素通常可以无限使用，且在使用中会增加和增值，即越用越多、越用越值钱，呈现出边际成本递减、边际收益递增等特征。因此，相对于硬要素，软要素更具有非竞争性与非排他性、边际成本递减和边际收益递增特性。

2. 数据要素作为软要素的主要特性

数据要素属于典型的软要素，具有软要素的"非物质化、非实物态"特性。一是广泛性。随着数字技术的广泛渗透，万物皆可数字化，数据产生的源头和应用的范围遍及生产生活消费的所有领域，不同主体、事物、场景都在无时无刻地生产数据、使用数据，数据无处不在、无时不在。二是极低廉性。受摩尔定律影响，数据分析处理成本急剧下降，有助于降低数字基础设施的固定成本。不仅如此，数据的高再生性、高共享性以及易复制性，使得数据的边际成本很低，甚至几乎为零。三是高增值性。数据要素不仅具有更强的渗透能力和流动性，而且对其他生产要素、生产方式、经济个体和产业融合发展具有强大的赋能作用。在数据参与生产创造价值的过程中，数据本身还可以获得再生。

3. 数据要素的独特性

数据要素不仅具有软要素的上述"类性"，同时还有其自身"特性"，突出表现为"三高一非性"。一是高复用性。数据以比特形式存在，可以无限复制和使用，并且不同企业可以在原始数据的基础上，进行无限清洗、无限加工、无限应用到无限多场景，实现"一次性生产，无限次复用"。二是高分割性。数据没有最小单元，也没有最大规模限制，可以根据需要对数据进行任意加工、任意匹配、任意组合，同质化的数据可以根据异质化的需求分割形成异质化的数据。三是高迭代性。数据化实际上是将物理空间映射到虚拟空间并以数据形式存在，在此过程中数据可以无限孪生、无限优化、无限配置，通过迭代试错推动映射趋向完美。四是非稀缺性。数字经济时代，宏观上数据规模正在以指数级增长，微观上"万物皆可数"，每一个体、机器、事物、场景和活动都是"数据生成器"。同时，数据的使用消耗过程可能同时也是数据的生产过程，使用数据非但不会消耗数据，反而可以产生新的数据，数据可以无限生产、无限复用、无限组合、无限迭代，打破传统要素资源的稀缺性束缚，实现数据要素的无限供给。

上述分析中数据要素所呈现出的"类性"和"特性"在传统经济学中并非不存在，但通常仅仅是例外现象。正由于数据要素具有上述独特的"类性"和"特性"，进入数字经济时代，数据成为占主导的关键生产要素，因其非竞争性、非排他性、非稀缺性等成为生产要素的常态，对基于传统生产要素的传统价值理论产生了颠覆性变革，直接导致了需要重构形成新的数据价值理论体系。

第二节　数据要素的价值形态

一、数据要素与数据资源

参与生产过程创造价值通常需要大量数据，因此单一的数据使用价值极低，或者不具有使用价值。数据具有价值通常是指数据集合在一起形成的数据资源。数据和数据资源的概念类似于矿物和矿物资源的概念。数据资源具有潜在价值，是使用资源、释放数据价值的逻辑起点。数据资源是静态原始的数据，只有通过数据的采集、存储、处理、分析，才能形成动态可用的数据。数据资源化是指对数据"提纯"的过程，即提高数据资源质量的过程。数据资源的潜在价值主要体现在两方面：一是数据传送的技术手段对生产效率的提升①；二是数据与劳动、资本等其他生产要素融合形成的倍增效应，使数据参与价值创造②。由此可见，数据资源与数据要素既有联系，也有区别，基本上可以认为是"一体两表"，是从不同角度对具有潜在使用价值数据集合的客观描述。

二、数据要素与数据产品

顾名思义，数据产品是一种数字化的产品或者服务。但与其他产品不同，数据产品的生产原料主要是数据，其产品形式本质上也是数据。从供给端来看，数据要素是投入侧的原料，数据产品是产出侧的产物。此外，产品是可在流通中交易并满足生产或消费特定需求的物品、服务、思想观念或它们的组合形式。并非所有数据要素都适用于交易，或满足消费需求，但所有数据产品一定可以流通交易。从消费端来看，数据产品本质上也是一种数据，可用于新的生产过程，满足特定需求，生产新的数据产品，创造新的价值。在这个意义上，数据要素和数据产品具有相同的形态和表现形式，但两者呈现了不同的价值形态。

与此类似的还有数据商品的概念。数据商品是用于交换的数据产品，其与数据产品的本质区别在于是否在市场上进行交换。企业生产出具有使用价

---

① 裴长洪、倪江飞、李越：《数字经济的政治经济学分析》，《财贸经济》2018 年第 9 期。
② 黄鹏、陈靓：《数字经济全球化下的世界经济运行机制与规则构建：基于要素流动理论的视角》，《世界经济研究》2021 年第 3 期。

值和价值的数据商品，只有在市场上进行流通和交换，才能实现数据价值。在交换过程中，交换价值以价值为基础，以使用价值为表现形式，实现一种使用价值同另一种使用价值之间的比例交换。在交换环节，要充分挖掘数据的交换价值，并将交换价值无限放大，以攫取更多数据劳动带来的剩余价值①。

三、数据要素与数据资产

资产是财务概念，是从所有权的角度进行定义，是指被经济主体拥有或控制，可以为其带来直接或间接经济收益的资源。相应地，数据资产是个人、企业或其他经济主体拥有或控制，能带来预期经济收益的数据资源。由此可见，数据资产与数据要素密切相关，但并非所有的数据资源都是数据资产，只有具有可控性、可量化、可变现的数据资源才能变成数据资产②。与此类似，数据资产与数据要素密切相关，但并非所有的数据要素都是数据资产。数据资源只有经过确权，对其价值进行量化评估，并在财务上进入资产负债表登记，才能变成数据资产。例如，根据财政部印发的《企业数据资源相关会计处理暂行规定》，需要"根据数据资源的持有目的、形成方式、业务模式，以及与数据资源有关的经济利益的预期消耗方式等"，在资产负债表的"存货"或"无形资产"下增设"其中：数据资源"项目，"对数据资源相关交易和事项进行会计确认、计量和报告"，以反映确认为存货或无形资产的数据资源账面价值及其变化。

与数据资产类似的概念是数据资本。资产向资本的转化反映了标的物的

---

① 郝寿义：《论信息资本化与中国经济高质量发展》，《南开经济研究》2020年第6期。
② 大数据战略重点实验室：《块数据4.0：人工智能时代的激活数据学》，中信出版集团2018年版。

价值增殖。数据资产向数据资本转变的关键是，可以通过金融资本手段或工具挖掘和放大数据资产的价值，形成对数据劳动者劳动成果的无限次重复使用，如通过质押融资、证券和股权化等资本化方式为数据产权人提供相应的经济收益。

综合来看，数据、数据要素和不同价值形态的相关概念之间的关系如图 1-1 所示，不同概念间既有联系，也有区别。从不同角度分析，价值形态不同，概念的内涵和外延也存在一定区别。

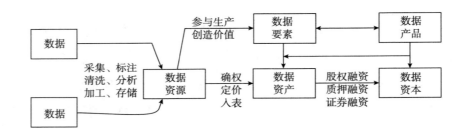

图 1-1　数据、数据要素和相关概念之间的关系

资料来源：作者绘制。

第三节　数据要素市场化及其内涵

一、数据要素价值实现路径

在不同的经济时代，不同生产要素发挥的作用有较大的差别。总体来看，在数字经济时代，数据要素作为新的生产要素，其价值的实现路径包括独立作为生产要素的价值创造效应，赋能其他生产要素的价值倍增效应，以及替代其他生产要素产生价格归零效应①。

不同经济形态下，生产要素变化导致生产发生相应变化。在农业经济时代，生产要素（L）主要是土地和劳动力，生产函数可以表示为 $Y = F(L_土)$、$Y = F(L_劳)$ 或者 $Y = F(L_土, L_劳)$，即产出或财富主要取决于拥有的土地和/或劳动力数量。进入工业经济时代后，工业逐步取代农业成为新的主导产业，土地作为生产要素的重要性下降，在资本（K）和技术（A）先后上升为新的关键生产要素后，生产函数的形式变更为 $Y = F(L, K)$ 或 $Y = AF(L, K)$。在数据（D）独立作为生产要素之后，数据要素进入生产函数，生产函数则变为 $Y = AF(L, K, D)$。

数据要素的非竞争性和非排他性意味着不同的参与者可以共享和协同使用数据，从而实现数据的协同劳动和资本效应，这种共享和协同可以减少信息不对称和信息不协调问题，有助于解决市场失灵。通过数据的精准经济效应，可以更好地理解和预测市场需求、优化资源配置、提高生产效率，从而实现更精准的决策和增强竞争力。同时，数据的即时经济效应使得企业和决策者能够更快地获取和分析数据，并及时作出调整和决策，以应对市场变化。此外，数据的网络经济效应表现在数据的规模和连接性对于经济效益的正向影响上，随着数据规模的增大和数据之间的连接，数据价值会呈现出指数级的增长，促进创新和协同效应的发挥。通过分析和预测数据，可以更准确地预测未来的市场趋势和发展方向，通过数据的预期经济效应为决策者提供更有针对性和远见的决策支持，提高决策的成功率。

除了独立作为生产要素进入生产函数，数据还可以基于数据要素的"非

---

① 李海舰、赵丽：《数据价值理论研究》，《财贸经济》2023 年第 6 期。

物质化、非实物态"特性，渗透、赋能其他生产要素，提高其他生产要素的资源配置效率，实现价值倍增效应，即在数据（D）渗透、赋能其他生产要素之后，生产函数由原来的 $Y=AF(L, K, D)$ 变为 $YD=AF(L(D), K(D))$，其中，$K(D)$、$L(D)$ 是数据赋能资本要素和劳动要素后，形成"新化"的资本 $K(D)$ 和劳动 $L(D)$。此时，数据间接参与生产，"新化"生产要素是"旧化"生产要素的进阶和高阶形式，是各个生产要素效率提升的结果。数据赋能其他生产要素实现价值倍增效应后，产值由 Y 变为 YD。这是因为数据渗透、赋能其他生产要素之后，各种生产要素之间可以实现更紧密的融合和协作，形成一体化的要素生产系统，从而在各个环节实现更高效率、更精准的决策和操作，提升整体的生产效率和降低成本，进而实现价值的倍增。

数据作为一种非实物要素，具有全面渗透和替代其他生产要素的特性，通过改变生产要素间的配置比例和优化资源配置，实现效率的最大化。这意味着以资本和劳动为代表的传统生产要素比例不断下降，数据比例不断上升，数据部分甚至全部替代其他生产要素，最终形成数字、数据产品，其生产函数由 $YD=AF(L(D), K(D))$ 变为 $YD=AF(DL, DK)$，其中，DK 和 DL 是对"新化"的资本和劳动的替代，以更少的物质要素、更多的数据要素，实现同质的功能和等量的产出，并且根据数据要素的"边际成本递减、边际收益递增"特性，产生价格归零效应。

二、数据要素市场化及其内涵

（一）数据要素市场化的必要性

作为国民经济信息化、数字化和智能化的技术基础，数据在国民经济中的重要作用越来越凸显。但数据要素配置远比劳动要素和资本要素配置更为复杂。这是因为，无论是从数据所有者或供给方来看，还是从数据使用者或需求方来看，都是既有个人、政府和各种社会组织，也有不同类型、不同规模的企业。具备成为数据要素潜力的数据主要是政府等掌握的政务数据、企业数据和社会组织等掌握的社会数据。实现数据流通，除了购买等交易方式外，还可以通过数据交换、数据共享、数据开放、数据授权使用、申请使用、特许使用等多种不同方式让数据参与生产过程。当前我国超过 80% 的数据掌握在各级政府部门、政府下属事业单位和国有企业等单位，即广义上的公共数据占绝对主体。显然，由于权属关系复杂，数据收益分配机制不健全，包括政府数据等在内的公共数据并不适合直接采用交易等市场化方式。截至 2022 年底，全国绝大多数省份都建立了省级政务数据平台，相应地，各地包括市和县等也都建立了政务数据平台。接近 6000 个政务部门接入全国一体化政务数据共享枢纽，全国数据共享调用超过 4000 亿次。数据开放和数据共享成为政务数据流通的重要方式。尽管包括政务数据在内的公共数据开放共享成效显著，但从数字经济发展来看，其开发利用潜力巨大，开发利用水平仍然极低，远不能满足市场需要，仍然存在数据所有者或管理单位缺乏数据开放共享动力，满足条件的数据开放共享使用者数量少，以及开放共享使用便利性不足等问题。

要构建以数据为关键要素的数字经济，只有充分发挥市场在资源配置中的决定性作用，才能实现公共数据、社会数据和企业数据等不同类型数据的高效流通。市场化是实现数据流通的重要手段，通过市场机制的引导和调节，数据可以在市场环境中自由交易和流通，实现资源的有效配置和优化利用。通过市场化，不仅可以促使数据供给方更积极地开放和交易数据资源，也提供了需求方获取和利用数据的渠道。市场化可以激发数据供给方和需求方之间的交互和合作，促进数据要素的高效流通和利用。

（二）数据要素市场化的内涵

简单来说，数据要素市场化就是发挥市场在数据要素形成和数据要素配置中的决定性作用。具体来说，就是鼓励市场主体通过多样的市场化方式，创新探索数据要素化路径，如数据直接交易、数据产品交易、数据资产交易、数据资本化等；探索数据交易载体和交易形式，如建设数据交易所、交易平台，规范发展场外交易等；完善配套市场运营体系，如数据要素确权登记、数据资产评估、数据交易登记结算等服务。数据要素市场化即数据要素的资源配置通过市场来实现，数据要素的供求关系通过市场交易来决定，数据要素的定价由市场来决定，数据要素供给形成竞争市场。数据资源通过市场满足数据供给方对其价值的追求，同时满足数据需求方对使用价值的需求。

三、数据要素市场化的重要意义

随着数字经济的发展，各行各业都在不断产生大量的数据，这些数据蕴含着巨大的价值潜力。只有通过市场化的配置，数据才能满足不同场景的需求，并实现其价值的充分释放。数据的市场化配置可以提升资源配置的效率、推动创新和企业发展、促进产业融合发展、增加经济增长和就业机会、提升社会福利和公共服务效率。第一，通过市场机制的引导和调节，使数据能够更广泛地应用于各个领域，从而充分发挥数据资源的潜力，为社会和经济的发展注入新的活力。第二，通过数据要素市场化，数据的供求关系可以在市场中进行自由协商和交易，从而实现数据资源向更高效的领域流动。数据要素市场化可以激励创新型企业投入更多资源和精力来收集、分析和利用数据。第三，市场机制的调节有助于创新型企业获取更多的数据资源，推动技术创新和商业模式创新，促进整个经济的发展和转型升级。这将为企业提供更多的机遇和动力，推动数字经济的蓬勃发展。第四，通过市场机制，数据能够在不同领域之间流动和交互，带来更多的商业机会和发展潜力。这种协同创新和跨界合作将促进经济的跨越式发展，推动产业的融合和优化，为企业创造更多的增长机会和竞争优势。第五，通过促进数据服务、分析和应用的发展，吸引更多的投资和人才，数据要素市场化为企业创造了更多的商业机会和增长潜力，推动经济的增长和提升竞争力。第六，通过市场机制的引导，促进数据的流通与共享，为科学研究、社会决策和公共管理提供更多的信息和支持。这将促进社会的创新能力提升，推动技术创新和发展，优化公共服务效果，提升社会福利水平。

（一）市场发挥资源配置主导作用

数据要素市场化的核心目标之一就是使市场发挥资源配置主导作用。通过数据要素市场化，数据资源的供给和需求可以在自由的市场环境中进行交易和配置，实现资源的有效分配和优化配置。市场机制通过价格信号的传递和供求双方的自主决策，实现了资源的自由流动和合理配置。通过市场交易，数据供应方可以根据市场需求和价格信号灵活决定数据的供给量和价格，而数据需求方则根据自身需求和预算状况自主选择、购买合适的数据资源。这样，资源的配置决策和分配过程更加灵活、高效，并且能够更好地满足市场需求。

在市场竞争的环境下，数据供应商和数据应用商为了获得竞争优势，将不断提高数据服务的质量和创新能力。市场的自由定价机制和供需双方的谈判使得数据资源的交易效率得到提高，激发了市场参与者更多的积极性和创造力。市场机制的引导和调节使得资源配置过程更加透明可见，通过市场交易的记录和信息披露，市场参与者可以更好地了解市场价格、供求状况、竞争情况等，从而作出更准确的决策。

（二）培育数字产业集群

数据要素市场化对于培育数字产业集群具有积极的促进作用，通过市场的引导和调节，数字产业集群可以促进协同创新和合作，提供更广阔的市场和商机，提升地区经济的竞争力。数字产业集群的形成为数字经济的发展提供了更好的环境和条件。通过数据要素市场化，数据资源供给方和需求方可以在自由的市场环境中进行交易和协作，促进产业链的发展和数字产业集群的形成。市场机制能够激发数据供应方更加积极地开放和交易数据，同时也为数据需求方提供了多样的选择和竞争空间。数据要素市场化鼓励创新和提供数据服务，为数字产业提供了丰富的资源和平台。

数据要素市场化使不同企业和机构可以在同一数字产业集群中进行合作和资源共享，互相借鉴和学习。这种集群效应有助于形成创新生态系统，促进合作伙伴关系和技术交流，推动数字产业的快速发展。数据要素市场化还为数字产业提供了更多的市场需求和投资机会。数字产业集群中的企业和机构可以相互支持和协同发展，形成更具竞争力的产业体系。同时，数字产业集群也吸引了更多人才和资本的聚集，为产业的发展提供了更多的资源和支持。

数据要素市场化使得数字产业集群可以形成独特的经济特色和优势，提高地区在数字经济领域的影响力和竞争优势。数字产业集群还可以带动相关产业链的发展，促进就业岗位的增加和经济的增长。

（三）促进数字经济与实体经济深度融合

数据要素市场化可以促进数字经济与实体经济的深度融合，通过市场机制的引导和调节，实体经济可以实现数字化转型，提高效率和竞争力。同时，数字经济也可以为实体经济提供更多创新和增值服务。通过数据的共享与流通，实体经济和数字经济之间可以建立协同合作关系，实现互利共赢。

数据要素市场化鼓励数据的共享与流通，为实体经济和数字经济之间的互动和融合提供了机会。实体经济通过获取和利用数据资源，可以提高运营效率、优化生产流程、改进产品和服务等。而数字经济则通过技术和数据应用的创新，为实体经济提供更多增值服务和商业模式。

通过市场交易，实体经济中的企业和机构可以获取并应用各种相关的数据资源，从而提高自身的数字化水平。数字化转型可以帮助实体经济更好地利用数据和技术，提高生产效率、降低成本、改进产品和服务，提升市场竞争力。通过市场机制的引导，数字经济可以提供更多符合实体经济需求的技术解决方案、数据服务和增值应用，提供帮助实体经济提升生产效能和市场竞争力的创新产品和服务。

第四节　数据要素市场生态构成

一、数据要素市场及其主体构成

狭义的数据要素市场仅指数据要素交换交易市场，如数据交易中心、数据交易所等。但数据交换交易仅是数据要素化或流通的一个重要环节，尤其是从国内外数据交易来看，据国家工业信息安全发展研究中心估算，虽然

2022 年我国数据要素市场规模已突破 900 亿元，但当前规范的场内数据交易占比仅为 2%~3%，大量交易集中在场外①。构建以数据为关键要素的数字经济，促进数据要素市场化，更需要加快培育发展健全的数据流通产业链。因此，广义的数据要素市场是促进从数据到数据要素和数据要素合法合规高效流通利用的市场。从图 1-2 可以看出，健全完善的数据流通产业链是从数据到数据资源化，再到数据产品化，或数据资产化和数据资本化，再到数据交易流通的完整过程。

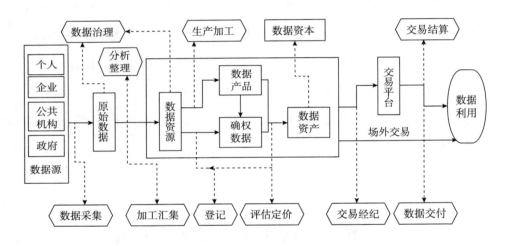

图 1-2　数据要素市场构成

资料来源：作者绘制。

从数据来源来看，数据要素可以分为公共数据、企业数据和个人数据等不同类型。在我国，社会中介组织掌握的数据较为有限，公共机构多数是事业单位等承担一定公共服务职能的部门，因此广义的公共数据是由政府部

① 郭冀川：《各地加速布局数据交易平台建设　抢占数字化转型市场先机》，《证券日报》，2022 年 12 月 12 日 A2 版。

门、公共机构或社会组织等主体所生成和管理的数据。这些数据通常包括人口统计资料、地理和环境信息、公共服务数据等，它们的价值实现方式主要体现在公共利益的服务和决策支持上，包括为政府决策提供数据支持、为公共服务优化提供参考、促进社会发展和治理等。数据要素市场的数据主体主要包括个人、企业、公共机构、政府四大类。由于政府部门及其下属公共机构掌握的数据占比高达 80% 左右，通常认为数据要素市场中的数据来源主体主要是掌握公共数据的政府相关部门和企事业单位。

从数据要素市场中的主要经济活动来看，参与主体范围较广，从事数据采集、分析整理、生产加工、存储的企业，利用数据资源和数据产品的企事业单位，对数据资源和数据产品等进行确权、登记和价值评估等机构，利用数据资产开展证券化、股权化和融资质押等资本化活动的相关机构，交易所（中心）等交易平台、交易经纪、支付和结算机构，促进数据要素流通的数据安全服务、数据人才服务、数据技术服务等单位，以及数据存储和传输等基础设施，数据要素流通监管部门等，都是数据要素市场的重要参与主体。

二、数据要素市场的基本市场结构

在数据要素市场中，上述参与主体至少可以分为五大类：

一是数据供应者。数据供应方是数据要素市场中提供数据资源、数据产品的主体，包括数据资源管理者或者拥有者，数据提供商、中介业者和数据产品开发供应业者等。数据供应方参与数据要素市场的供给环节，主要是通过将自身拥有的数据资源和数据产品等进行开放、共享、交易，促进数据要素流通。

二是技术服务者，包括主要在数据采集、分析、标注、处理、存储、安全、运营和交易等不同环节，提供技术支持的服务供应者，如隐私计算平台、数据清洗服务企业、数据标注企业等。

三是流通服务者，数据流通服务者是推动数据资产化、数据资本化和数据交易的关键中介服务者，主要包括数据交易前的确权、登记、资产评估等机构，提供数据交易平台载体和交易撮合、登记等服务机构。在数据流通服务者中，数据交易平台是数据要素市场的核心枢纽，提供数据资源的信息发布、匹配、交易和结算等功能。数据交易平台可以是第三方的数据交易市场，也可以是企业自建的内部数据交易平台。平台通常采用技术手段实现数据的存储、索引和交易记录等管理，并提供交易参与者之间的信任和沟通环境。

四是数据需求者，主要是数据要素市场中的购买和利用数据资源的主体，包括企业、机构、个人等。数据需求方通过市场交易的方式获取符合自身需求的数据要素，以支持业务运营、决策分析、研究开发等目的。

五是监管者。数据要素流通不同于一般要素和商品流通，与安全密切相关，加之数据资产化和数据资本化对市场秩序和金融秩序有着重要影响，必须加强数据要素流通的引导和监管。不同于国有资产监管和金融监管，数据要素市场的监管应根据参与主体和数据类型，采用不同的监管方式。监管机构可以是政府部门、行业协会或独立机构，主要负责制定和执行数据交易的规则和标准，制定数据资产化和数据资本化的相关规则和操作规范，保障市场交易的公平、透明和合法。

数据要素市场中，上述各方相互作用、互相依存，共同构成了一个完整的市场生态系统。例如，数据供应者也可能是数据需求者，反之亦然。数据中介业者既可能简单提供数据销售等中间服务，也可能同时提供数据交易平台、载体和场所等服务或其他技术、流通服务。数据要素市场的发展壮大，既离不开大量数据供应者和中企业者，也越来越离不开专业化的分工，这就为数据采集、标注等技术服务发展提供了巨大商机，也激发了确权、登记和资产评估、融资抵押等专业化服务的巨大需求。

三、数据要素市场流通过程

数据要素流通有多种途径和方式。从当前的实践来看，合法合规的数据要素流通主要可分为合法采集、开放、共享和交易。数据合法采集主要是市场主体根据需要，通过应用程序或技术手段，合法从网络开放数据、互联网或合作单位、个人处采集数据信息，这也是数据资源化的重要方式。数据开放是政府部门、高校和科研院所、企业和社会组织等，按照一定的开放格式和标准面向全社会或特定群体公开数据，供社会自由获取和使用其数据资源，以促进创新，提高透明度等。例如，国家哲学社会科学文献中心依托中国社会科学院图书馆开放中文哲学社会科学期刊论文，OpenAI 开放的 GPT 数据集和模型，数据科学竞赛平台 Kaggle 开放数据集和基准问题。数据共享是按照既定支持可交互操作和可重用的数据格式、共享许可协议、数据标准等，面向特定群体或者全社会，在满足特定法律、技术和伦理条件下，合法访问和使用数据资源，如我国的政务数据共享平台，国内外存在的开源数据库和共享医学图像、临床试验数据和基因组数据期刊等。交易是将数据资源视为一种可经营和交易的资产，通过市场化机制，根据交易双方意愿实现数据高效流通和有序利用，实现数据要素的最大化价值，它不仅是市场化最重要的手段，也是数据要素市场流通的发展趋势。

从产业链的视角来看，如图 1-2 所示，数据要素市场流通是一个从数据采集等数据资源化活动到资产化、资本化和包括场内场外等多层次交易体系的过程, 包括数据采集、加工汇集、登记、评估定价、交易经纪和数据交付等重要环节。

数据采集是数据要素市场流通的第一个环节。在数据采集的过程中, 需要制定合理的数据采集方案, 明确采集的对象、范围、方法、时间和质量要求等, 以保障数据的准确性和完整性, 为后续的数据加工和应用提供基础。同时, 数据采集也需要遵循相关的法律法规和道德规范, 尊重数据保护和隐私, 避免伤害个人和社会利益。

加工汇集是数据要素市场流通的第二个环节。为了产生有用的信息和知识, 需要将采集到的原始数据进行加工和汇集。数据加工包括数据清洗、转换、标注、聚合、计算、分析等过程。数据汇集是将不同来源的数据进行集中管理和整合, 从而将不同数据源的信息整合在一起, 形成更全面和一致的数据集, 这有助于提高数据的可用性和可操作性, 减少数据碎片化和信息孤岛的问题。

数据采集和加工汇集基本完成了数据资源化工作。不同于其他要素或产品, 登记是数据资产化、资本化和自由交易流通的重要依据, 也是数据要素流通最重要的环节之一。严格来说, 登记的形式包括确权登记、产品登记和交易确权登记, 但主要是前两者。登记的对象可以是数据集等数据资源, 也可以是数据产品。为了保证登记的公正性和权威性, 通常需要由政府部门或政府授权机构和具有公信力的第三方负责登记工作。

为了反映数据的价值和市场价值, 需要对数据进行评估和定价。数据评估定价是数据资产化和资本化的前提, 也是数据交易的重要依据, 通常需要考虑数据源的可靠性、实用性、稀缺性、复杂性、稳定性以及数据所处的行业和市场需求、政策法规和合规性等因素。数据的评估定价可以帮助企业制定更合理的数据采集和管理策略, 合理配置数据资源, 提高数据的利用效率和商业价值，促进企业的创新和发展。

数据交易经纪是数据从供给方向需求方复制使用权的重要环节，数据供给方可以借此获得经济和商业价值，数据需求方则可以利用获得的数据资源，支持决策和业务需求，让数据参与生产过程，创造新的价值。虽然近年来各地建设了一批数据交易所（中心），但整体上数据交易并不理想，应根据不同类型数据要素的特点和市场主体的不同需求，面向不同行业市场、不同区域和不同场景应用需求，构建形成包括场内交易和场外交互相结合的多层次数据要素流通体系。当前数据交易场外规模远超过场内规模，充分证实了场外交易的合理性和必要性。与此同时，为了更好地促进场外交易，有必要加快培育发展数据商、数据经纪人等数据交易中介机构。

第二章

数据要素市场化发展现状与问题

第一节　我国数据资源概况与数据市场发展历程

一、我国数据资源概况

随着大数据时代的到来，世界主要国家（地区）纷纷把数据视作新型的国家战略资产予以高度重视，在数据要素生产、流通、使用、保护等方面持续研究探索，出台了系列顶层设计、战略规划和法律法规文件。例如，欧盟的《欧洲数据战略》《数据治理法案》、美国的《大数据研究和发展计划》《大数据：把握机遇，维护价值》《联邦数据战略》，以及日本的《综合数据战略》等。在战略规划与政策法规的加持下，随着经济发展特别是数字经济快速成长，全球数据规模实现爆发式增长，日益成为世界各国经济复苏和发展的重要动力。据 Statista 统计，2020 年，全球产生、采集或复制的数据量达到 64.2ZB①，预计 2025 年全球数据产量将达到 181ZB。Seagate 和 IDC 的联合研究表明，预计到 2025 年全球数据量将达到 175ZB，其中来源于企业的数据占比高达 60%，为主要数据来源②。

当前，我国的数据资源总量巨大，数据要素市场发展潜力强劲。海量的网民规模、丰富的应用场景、巨大的市场潜力与充足的自然资源，为我国发展大数据市场提供了基础条件。以 5G、数据中心等为代表的数字基础设施的快速建设部署，为大数据的积累和应用从技术上创造了可能。目前，我国已成为全球数据资源大国和世界数据中心。中国互联网络信息中心（CNN-IC）发布的第 52 次《中国互联网络发展状况统计报告》显示，截至 2023 年6 月，我国网民规模达 10.79 亿人，互联网普及率达 76.4%。国家互联网信息办公室发布的《数字中国发展报告（2022 年）》显示，2022 年，我国数据产量达 8.1ZB，同比增长 22.7%，全球占比 10.5%，位居世界第二。近三年来，我国数据产量每年保持 30% 左右的增速。数据存储公司希捷预测，未来几年，我国数据市场仍将以超过全球平均增速的速度增长，到 2025 年将超越美国，成为全球数字经济活动最集聚、数据产量最大的国家。而 IDC 报告显示，我国数据量规模将从 2022 年的 23.88ZB 增长至 2027 年的 76.6ZB，年均复合增长率（CAGR）达到 26.3%，其中政府、媒体、专业服务、零售、医疗、金融为主要分布领域③。

从结构上看，我国数据资源目前主要掌握在政府等公共部门，企业拥有的数据资源还较有限。据估计，前后两者的比例在 8∶2，也有估计认为其比

① ZB：Zettabyte，十万亿亿字节。
② 《IDC 发布最新版〈数据时代 2025〉白皮书，附 Data Age 2025 全文下载》，https：//www.chinastor.com/market/12214001R018.html，2018 年 12 月 21 日。
③ 《IDC：预计 2023 年中国数据量规模达 76.6ZB 年均增长速度 CAGR 达到 26.3%》，http：//www.199it.com/archives/1605238.html，2023 年 6 月 6 日。

例在 7∶3。总之,政府部门,特别是行业公共数据的开放共享与应用应该是现阶段数据要素市场化的重点。当然,随着数字经济的发展,互联网平台积累的数据也在迅速增加,未来将是释放动能发挥价值的重要方向。

从数据的利用看,我国还有很大的不足,拥有巨大的发展空间。根据全国信息技术标准化技术委员会大数据标准工作组的统计,2017~2021 年中国数据量年均增长率为 40%,但被利用的数据量年均增长率仅为 5.4%,绝大部分数据处于沉睡状态、僵尸状态、闲置状态。据测算,全行业 1% 的数据仅 1 次交易就可以带来超过 150 亿元的净利润。在确保数据安全和隐私保护的前提下,让数据放出来、聚起来、动起来、用起来,将极大地实现数据资源的价值。

二、政策驱动下的数据要素市场化发展

党的十八大以来,以习近平同志为核心的党中央坚持和完善了土地、劳动力、资本、技术四种生产要素的市场化配置制度,创造性地将数据确立为生产要素,提出要构建以数据为关键要素的数字经济,开启了探索和实行数据要素市场化配置的历程。纵观这一历程,大致分为初步探索数据资源价值、确立数据的生产要素地位和市场化配置制度,以及数据要素基础制度体系化建设三个阶段。

第一,初步探索数据资源价值阶段(2015 年以前)。2015 年 4 月,贵阳大数据交易所正式挂牌运营,这是我国第一家数据流通交易场所,开启了数据要素市场培育的率先探索。同年 8 月,国务院颁布《促进大数据发展行动纲要》(国发〔2015〕50 号),明确数据是国家基础性战略资源,提出要"全面推进我国大数据发展和应用,加快建设数据强国",这是在国家层面对

数据价值的首次认可。2015 年 10 月 29 日，党的十八届五中全会进一步将大数据战略上升为国家战略，开始全面启动大数据发展国家战略。

第二，确立数据的生产要素地位和市场化配置制度阶段（2016～2021年）。2016 年 12 月，国家工信部印发《大数据产业发展规划（2016－2020年）》，再次强调数据是国家基础性战略资源。2017 年 12 月，中共中央政治局就实施国家大数据战略进行第二次集体学习，习近平总书记在主持学习时强调，"要制定数据资源确权、开放、流通、交易相关制度，完善数据产权保护制度"，标志着我国数据基础制度建设正式提上议事日程。习近平总书记提出，"要构建以数据为关键要素的数字经济"，数据作为数字经济的关键要素地位得到确立。2019 年 10 月，党的十九届四中全会首次将数据增列为一种生产要素，按贡献参与分配。

2020 年，党中央继续深化探索数据要素配置和治理问题。2020 年 4 月，《中共中央　国务院关于构建更加完善的要素市场化配置体制机制的意见》提出加快培育数据要素市场，具体包括推进政府数据开放共享，提升社会数据资源价值，加强数据资源整合和分类分级安全保护，并在次年 12 月颁布的《要素市场化配置综合改革试点总体方案》中提出建立健全数据流通交易规则。2020 年 11 月，《中共中央关于制定国民经济和社会发展第十四个五年规划和二〇三五年远景目标的建议》发布，建议明确提出要"建立数据资源产权、交易流通、跨境传输和安全保护等基础制度和标准规范，推动数据资源开发利用"。国务院《"十四五"数字经济发展规划》、工信部《"十四五"大数据产业发展规划》等重要政策文件也提出，要建立数据资源产权、交易流通、跨境传输和安全等基础制度和标准规范，健全数据要素市场规则。

随着数字经济的快速发展，平台经济数据治理等领域逐渐暴露出一些问题。围绕网络安全、个人信息主权与保护、数据分级分类管理等，我国加快推进数据治理的制度建设，密集出台数据安全相关法律法规，包括《中华人民共和国网络安全法》《中华人民共和国民法典》《中华人民共和国数据安全法》和《中华人民共和国个人信息保护法》等，逐渐形成"兼顾安全与发展"的中央—地方两级数据治理制度。2021年3月，习近平总书记主持召开中央财经委员会第九次会议，习近平总书记在会上强调，要"加强数据产权制度建设、强化平台企业数据安全责任"。2021年12月，国家发展改革委等九部门联合颁布《关于推动平台经济规范健康持续发展的若干意见》，提出要细化平台企业数据处理规则，探索数据和算法安全监管等。至此，"数据要素如何配置"问题有了明确的顶层制度规范。

第三，数据要素基础制度体系化建设阶段（2022年以来）。2022年伊始，国家发展改革委先后组织"我为数据基础制度建言献策"和"数据基础制度观点"征集意见活动，为构建数据基础制度的总体思路、数据产权、流通交易、收益分配、安全治理等，征集全国各地科研院所、企业单位、社会团体和公众的意见和建议。2022年6月，中央全面深化改革委员会第二十六次会议审议通过《关于构建数据基础制度更好发挥数据要素作用的意见》，指出"要加快构建数据基础制度体系"。同年10月，党的二十大召开，强调要"强化数据安全保障体系建设，加快建设数字中国，加快发展数字经济，促进数字经济和实体经济深度融合，打造具有国际竞争力的数字产业集群"，指明了数据要素的价值应用方向。同年12月，中共中央、国务院印发《关于构建数据基础制度更好发挥数据要素作用的意见》提出20条政策举措，包括建立保障权益、合规使用的数据产权制度，建立合规高效、场内外结合的数据要素流通和交易制度，建立体现效率、促进公平的数据要素收益分配制度，建立安全可控、弹性包容的数据要素治理制度等，为我国数据基础制度体系的构建搭建起了初步框架。这是我国构建数据基础制度体系的里程碑事件，为探索数据要素产权制度和市场体系提供了根本遵循。

根据《党和国家机构改革方案》，国家数据局于 2023 年 10 月 25 日正式挂牌，其主要职能是统筹推进数字中国、数字经济、数字社会规划和建设，协调推进数据基础制度建设，统筹数据资源整合共享和开发利用，全面赋能经济社会发展。可以预见，组建国家数据局可以从国家层面统一领导和协调数据资源管理，促进数据资源跨行业跨部门互联互通，通过进一步统筹数据资源整合共享和开发利用，提高数据资源整合共享和开发利用的效率和效果。特别是推动公共数据确权授权，加大公共数据开放合作共享和开发利用，可以更好发挥公共数据在数据要素开发利用中的基础性、引领性和示范性作用。再者，数据最大的价值在于应用，组建国家数据局有利于探索出一条可执行的数据流通利用的制度规则，在数据安全和数据利用应用之间寻找最佳的平衡[1]。

随着相关战略规划及一系列政策文件的出台，我国数据要素市场化持续培育发展，数据要素市场建设快速推进，各地纷纷建设或筹建形式多样的数据交易平台和交易场所。特别是部分省份在大数据产业和数据要素市场方面积极开展探索实践，取得了显著的成效。当前，我国数据要素市场规模持续扩大，在产业生态体系建设方面持续完善，大数据产业发展格局初步形成，大数据产业链条持续完善，公共数据开放取得积极进展，数据开放共享水平不断提高，大数据发展政策体系逐步完善。根据《数字中国发展报告（2021年）》，我国大数据产业规模从 2017 年的 4700 亿元增长至 2021 年的 1.3 万亿元，年均复合增长率超过 30%，呈现出高速增长态势[2]。

---

① 《数据宝汤寒林：国家数据局成立，让数据市场规则更加清晰》，https://m. huanqiu.com/article/4F7AGNLGGwr，2023 年 10 月 27 日。

② 《国家互联网信息办公室发布〈数字中国发展报告（2021 年）〉》，http://www.cac.gov.cn/2022-08/02/c_1661066515613920.htm，2022 年 8 月 2 日。

第二节　区域数据市场建设与发展

从地区实践看，由于一体化大数据中心建设和"东数西算"工程的全面启动，我国数据要素市场呈现出区域集聚、协同发展的特征，建设探索主要集中在以北京为代表的京津冀地区，以浙江、上海为代表的长三角地区，以及以广东为代表的粤港澳大湾区。同时，贵州等欠发达地区在数据要素市场和大数据产业方面超前布局，意图抢占发展先机。2015 年，我国第一个大数据交易所在贵州成立，截至 2023 年 6 月底，全国各地由政府发起、主导或批复的数据交易所达到 44 家，头部数据交易所交易规模已达到亿元至十亿元级别，呈现出爆发式增长趋势。我国部分大数据交易场所发展现状如表 2-1 所示。从后续发展和经营状况来看，数据要素市场的发展规模仍远未达到理想目标①，且大数据产业发展主要集中在东部地区，中西部地区产业发展相对较慢，新一代信息技术对于中西部地区经济社会驱动作用尚未全部释放。

表 2-1　我国部分大数据交易场所发展现状

序号	名称	成立时间	发展现状
1	贵阳大数据交易所	2015 年 4 月	截至 2022 年 8 月，累计交易额突破亿元，入驻数据商 282 家，上架产品 347 个

---

① 《发布｜中心发布〈2022 年数据交易平台发展白皮书〉》，https：//www.cics-cert.org.cn/web_root/webpage/articlecontent_101006_1566684745956331521.html，2022 年 9 月 5 日。

序号	名称	成立时间	发展现状
2	浙江大数据交易中心	2016 年 5 月	2021 年交易额近 1 亿元
3	青岛大数据交易中心	2017 年 4 月	截至 2021 年，累计上架数据产品 259 个，完成交易额 5037 万元
4	山西数据交易服务平台	2020 年 7 月	截至 2021 年 3 月，引入数据服务供应商超 1100 家，累计完成交易额超 5000 万元
5	北部湾大数据交易中心	2020 年 8 月	截至 2022 年 9 月，交易规模达 6900 万元，累计注册会员 126 家
6	北京国际大数据交易所	2021 年 3 月	截至 2023 年 11 月，数据交易备案规模已超过 20 亿，交易主体 500 余家，已发放 27 张数据资产登记凭证
7	上海数据交易所	2021 年 11 月	截至 2023 年底，挂牌的数据产品达到 1700 多个，交易金额约 10 亿元
8	广州数据交易所	2022 年 9 月	首日交易总额超 1.55 亿元
9	深圳数据交易所	2022 年 11 月	累计交易额已突破 11 亿元

资料来源：作者根据互联网资料整理。

一、北京设立数据专区

北京科技人才资源十分丰富、信息产业发展迅速，大数据企业数量和规模在全国均首执牛耳，企业业务范围分布在数据分析处理、数据可视化等高价值环节，是我国大数据产业发展的关键增长极。北京在数据开放共享方面进行了诸多有益探索，通过将公共数据划分为四个级别，而不同级别数据的汇聚应用、交易流通、共享开放等方式各异，在一定程度上实现了"能开放尽可能开放"。例如，政府公共数据采取无条件开放、有条件开放、数据专区（即在重大领域、重点区域或特定场景开放的数据）三种形式，设立数据产业联盟引导企业自主开放数据，从而形成多层次广覆盖的开放体系。

为进一步促进数据资源交易流通，2021年3月，北京成立了国际大数据交易所，这是我国第一家基于"数据可用不可见，用途可控可计量"新型交易范式成立的大数据交易所[①]。北京大数据交易所在交易生态、交易技术、交易模式和交易规则方面都进行了有益探索：交易生态方面，通过整合包括数据提供方、算法参与方、场景参与方、技术支撑方、数据交易服务方等在内的市场主体，成立数据交易联盟；交易技术方面，上线基于区块链技术的IDeX系统，该系统可登记上架交易的数据产品，实现数据资产确权；交易模式方面，创造"可用不可见、可控可计量"的交易范式，将数据使用权和数据产品服务作为交易对象，在金融、医疗、商业等应用场景持续探索数据安全流动；交易规则方面，探索数据定价机制和数据资产评估方法，率先推动数据资产评估。

针对数据确权难的问题，北京大数据交易所利用区块链、隐私计算等技术，实现数据交易全过程上链存储，经过官方认证的数据确权登记平台登记后，除了敏感信息不可见以外，数据产品的来源、用途、权属、流转均清晰可查。此外，北京大数据交易所积极探索数据跨境管理解决方案，创新推出数据托管服务平台，通过提供数据驻留、脱敏输出、融合计算、建档备案等服务，助力跨境数据流动。

二、上海构建数商体系

作为我国经济和金融中心，上海在数据要素资产化探索、数据要素市场建设方面具有先天优势，大数据产业发展成效显著。数据显示，上海数据核

---

① 唐林垚：《隐私计算的法律规制》，《社会科学》2021年第12期。

心企业突破了 1200 家，数据核心产业规模超过 3800 亿元，在上海数据交易所挂牌的数据产品达到 1700 多个，交易金额约 10 亿元。上海在数据开放共享、数据资源流通与交易等方面持续发力，通过设立公共数据开放平台推动数据开放共享，截至 2024 年 4 月，已开放 51 个数据部门，132 个数据开放机构，5527 个数据集（其中 2118 个数据接口），84 个数据应用，45582 个数据项，近 20 亿条数据。上海积极推动长三角区域数据合作，注重打造长三角一体化数据中心。上海制定了《上海市数据条例》，对上海公共数据流通共享和安全保障、数据要素市场构建等方面作出详细规定，同时鼓励上海市各部门建立首席数据官制度，该条例已于 2022 年 1 月正式施行。

上海数据交易所于 2021 年 11 月正式挂牌成立，标志着上海正式开启探索数据交易流通新阶段。上海数据交易所对数据交易过程中存在的确权、定价、互信、入场、监管等难题进行了有益探索，具体包括：一是全新构建"数商"新业态，涵盖数据交易主体、数据合规咨询、质量评估、资产评估、数据交付等多领域。数商是以数据为主要服务对象，对数据进行一系列合规、评估、审计等服务的经纪人，主要职责是对数据产品做交易合规评估，审查其合法性与合规性。"数商"模式在产品合规性审查中发挥了较大作用。二是建立数据交易配套制度，针对数据交易全流程制定整套制度，包括从交易场所、交易主体到交易生态体系的各类办法规范和指引标准，明确"不合规不挂牌，无场景不交易"的原则，为数据交易场所建设提供重要借鉴。三是上线全数字化数据交易系统，充分保障数据交易的全时挂牌、全域交易、全程可溯。四是设计产品登记凭证，借助数据产品登记凭证与数据交易凭证，所有数据交易活动均可实现"一数一码"。五是编制产品使用说明书，确保交易数据产品可被阅读和理解，将抽象数据变为具象产品①。

三、广东探索数据交易"两级市场"

广东是全国数据要素市场建设和大数据产业发展的领先省份。根据《广东省新型数据中心发展白皮书》，2021年，广东数据中心市场规模为164.1亿元，2016~2021年复合增长率超过20%。2021年7月，广东发布《广东省数据要素市场化配置改革行动方案》，该行动方案是全国首个数据要素市场化配置改革行动方案，在数据要素市场化配置改革方面提出诸多创新举措，如提出要发挥政府、市场和社会的"三方机制"，构建公共数据开放利用的"一级数据要素市场"和社会数据交易的"二级数据要素市场"等。

广东数据资源总量和共享水平位居全国前列。"开放广东"官网显示，截至2024年4月，广东省向社会开放接近91451个数据集、4596个API，共计160.227亿条政府数据和153个数据应用。广东"一网共享"平台为畅通数据安全有序流动提供了平台基础支撑，"开放广东"开放平台向社会开放了资源环境、教育科技、交通运输等12个领域的政务数据。广东率先试点首席数据官制度，首席数据官主要负责统筹数据管理和融合创新、组织制定数据治理工作的中长期发展规划及相关制度规范等。数据创新应用方面，广东创新公共数据资产化应用，发布了全国首张公共数据资产凭证，支持企业通过用电数据来申请融资贷款。此外，广东推出数商名单，并在本省范围内的电力、电商、金融领域龙头企业开展数据要素交易流通模式探索。2022年5月，经过多轮协商，由数库科技生产的数据产品"数库Smar Tag新闻分析数据"成功与知名境外头部对冲基金达成交易，全国首批跨境数据交易业务

---

① 徐贝贝：《从资源到资产数据如何完成"艰苦一跃"》，《金融时报》2021年12月13日第5版。

在深圳开展。目前，广州和深圳都在积极建设大数据交易场所。

四、浙江建成"数据高铁"和"产业数据仓"

浙江将数字经济列为"一号工程"，持续优化政策环境、推动数据要素市场建设，发力打造"云上浙江"、数据强省。2021 年，浙江大数据发展水平和产业规模指数位居全国第四，数据资源指数和行业应用指数位居全国第一①。2022 年 3 月，浙江颁布全国首部公共数据领域的地方性法规《浙江省公共数据条例》，对公共数据收集、归集、共享、开放、利用等作出详细规定。浙江通过搭建"数据高铁"和"产业数据仓"推动数据开放共享。所谓"数据高铁"是指通过建立省级政务信息资源目录和共享交换体系加强公共数据的归集和共享应用，目前已建成 33 条"数据高铁"。所谓"产业数据仓"是针对产业而言，通过搭建"省级产业、市级产业、行业、企业"四级架构数据仓归集各类涉企公共数据，试点开展行业产业大数据归集，形成了从企业数据仓、行业数据仓到产业数据仓的资源体系。此外，浙江注重发挥微观主体的活力和创造力，通过依靠第三方开设数据资源服务公司，开展数据资产化的管理运营。例如，阿里巴巴、浙报集团、杭钢集团等联合成立浙江省数据管理有限公司和数字浙江技术运营有限公司，参与浙江数据要素化和数字化治理有关工作，开展商业模式创新，开发数据产品和服务。

五、贵州超前布局大数据发展战略

贵州是全国较早探索推进大数据发展战略和数据要素市场化配置的省份。得益于政策方面适度超前的先发优势，贵州大数据产业竞争力持续增

---

① 中国大数据产业生态联盟等：《2021 中国大数据产业发展白皮书》，2021 年 8 月。

强、布局日渐清晰，大数据领域投资较为活跃，数据要素市场建设初见成效。2014 年，贵州上线了我国第一个一体化的政府数据平台"云上贵州"，集成了省、市、县三级政府部门的信息化系统和公共数据资源，实现了一体化管理运营。以公共数据开放为契机，贵州不断开展公共数据资源授权运营①。2015 年 4 月，贵州率先成立了贵阳大数据交易所，作为国内第一家数据交易所，贵阳大数据交易所早期采用"撮合交易""直接交易"模式，即交易所与数据卖家协商一致后，数据内容与交易价格在平台网站挂出公示。但在这种模式下，数据交易没有实现标准化，也没有规定数据交易渠道必须是交易所，这就导致部分互联网企业和第三方数据商构建自己的交易渠道，从而绕开交易所，致使交易所交易活动低迷、成交量很少。近年来，贵阳大数据交易所积极谋求变化，重点优化运营模式和组织架构，探索出"政府引导、企业主体、多方参与"的数据交易生态。2022 年 5 月，贵阳大数据交易所发布了我国首套数据交易规则体系，具体包括了流通交易规则、成本评估指引、交易价格评估指引等方面的规则。

第三节　数据要素市场化的难点与痛点

　　尽管我国数据要素市场建设和大数据产业取得积极进展，数据要素市场化在国家和区域层面上，政府部门、学术界、产业界及众多企业参与其中积极探索，取得了显著成效，但在数据的产权界定、开放共享、交易规则、关

---

　　①　任保平、王思琛：《新发展格局下我国数据要素市场培育的逻辑机理与推进策略》，《浙江工商大学学报》2022 年第 3 期。

键技术、数字基建、数据安全和数据治理等方面仍存在部分难点与痛点。需要各方艰苦探索，持续发力，才能取得突破，更好地促进数据赋能高质量发展，助推中国式现代化的实现。

一、我国数据要素市场化的难点

数据要素市场化各个环节，包括数据产权界定、数据标准化、数据产品使用等各阶段难点诸多，数据流通环境、数据交易生态不完善，产业核心技术缺失等，都对数据要素市场化和大数据产业发展产生了明显的困扰与制约。

（一）数据资源确权难

从生命周期理论视角来看，我国现阶段的数据交易仍处于快速成长期[①]，各地均积极探索数据要素市场化配置。数据产权制度的构建是数据资源开发利用的基础，是最大化激发数据要素价值、赋能实体经济发展的根本保障，同时也是激发数据市场主体活力、规范数据要素市场的重要制度保障。明晰的产权设计和完善的权属登记是开展市场交易的必要前提。根据商品交易经验，只有产权归属明确，权责利才能够更好地进行分配，进而制定规则来规范和约束交易各方的行为[②]。只有界定清楚数据权属，数据要素才能够明确拥有主体和其他权利边界，否则在实际操作过程中，如何让渡和实现使用权、交易权、收益权将存在矛盾和分歧。

作为虚拟环境物品，数据权利体系的构成与界定同传统实物商品存在较大差异，数据权属生成具有主体多元和过程多变的特点，且存在着国家主

---

① 熊巧琴、汤珂：《数据要素的界权、交易和定价研究进展》，《经济学动态》2021 年第 2 期。

② 刘吉超：《我国数据要素市场培育的实践探索：成效、问题与应对建议》，《价格理论与实践》2021 年第 12 期。

权、产权和人格权等确权视角，需要结合数据资源特征，对传统民事权利体系理论中的产权界定进行扩充完善。目前，全球数据立法规制主要包括欧美两大体系，前者基于隐私权导向，对数据过度保护，产业发展活力不足；后者基于财产权导向，更多强调市场规则，个人隐私则难以得到保障。我国数据确权原则尚不清晰，政府和产业界无所适从，因此缺位、越位、错位现象时有发生。数据资源产权界定难，可以说是数据要素市场化配置过程中的第一大难点。

（二）数据交易规则、体系与生态不成熟

数据交易规则、体系、生态等涉及数据标准化、产品定价、交易平台、交易模式等基础技术和市场规则问题。由于数据要素本身特征及其产权的复杂性，在交易中普遍存在着标准化程度低、数据定价难、交易双方互信难、入场难、监管难等挑战，抑制了交易双方参与的积极性和主动性，存在的不确定性可能会导致逆向选择和道德风险，显著增加了交易成本。

首先，标准化存在困难。数据产品标准化是数据交易的有利前提，但由于数据要素广泛存在于交通、保险、医疗、金融等各行业，不同行业间数据的存在形式、使用方式不同，从而导致基础数据的类型存在明显差异，难以形成标准化数据产品。

其次，产品定价困难。与多数商品"先了解后使用"模式不同，数据产品的了解与使用过程存在时空一致性，可用性无法事先确定，买卖双方对于数据价值评估存在"双向不确定性"，价值数据的高固定成本低边际成本、产权不清、来源多样、管理复杂和结构多变等特性，使得其定价难度远大于其他产品。目前，数据交易定价均为针对特定应用场景的非标准化定价，缺少统一定价规则。

　　再次，交易生态不完善。当前，我国数据要素市场发展和建设进展速度较慢，数据的交易系统、交易平台、安全保障等基础建设仍处于探索开发阶段，缺乏统一的可信流通环境，交易双方信任机制难以建立。在事前交易阶段，由于绝大多数交易均依靠"点对点"交易方式，缺乏针对数据产品的评估体系，其产品质量难以保障，脏数据、假数据随处可见。在事后交易阶段，由于数据已"买定离手"，如果缺乏可信的第三方监管，一旦一方将数据移交给另一方，双方均难以控制数据使用流向，建立信任关系十分困难。各类主体如数据供应商、数据中介服务商、数据需求主体等参与积极性不高，已有数据交易主要靠官方撮合引导，市场主体自发参与的激励不足，由政府、企业、科研院所、行业协会等多元主体参与的数据要素市场创新生态尚未有效形成[①]。

　　最后，交易市场分散且存在同质化竞争。各地政府牵头组建的数据交易中心同质化严重，且受限于区域壁垒服务半径很小，如武汉一度同时存在华中、长江、东湖三个数据交易中心，各中心各自为政、相互竞争，市场交易规则和定价机制不尽一致，导致无法形成规模化发展，服务能力也难以提升，严重缺乏公信力[②]。

　　（三）大数据产业关键核心技术能力不足

　　大数据产业技术体系的核心是数据存储、计算和处理等基础软硬件和开源框架。目前，随着数据量级快速增加、数据类别日益复杂、处理速度需求持续提升，与大数据相关的关键核心技术不断迭代演进。大数据相关核心技

---

　　① 顾天安、刘理晖、程序、许国腾：《我国构建数据要素市场的挑战与建议》，《发展研究》2022年第1期。

　　② 王璟璇、窦悦、黄倩倩、童楠楠：《全国一体化大数据中心引领下超大规模数据要素市场的体系架构与推进路径》，《电子政务》2021年第6期。

术主要包括数据采集与预处理、数据存储、数据清洗、数据分析挖掘和数据可视化等方面的软硬件技术，从表2-2可以看出，这些关键核心技术基本由国外科技公司、高校或科研人员提出。我国大数据相关技术研发虽位列"全球第一梯队"，但基础软硬件、开源框架等与国际先进水平仍存在一定差距，主流大数据平台技术中自研比例不超过20%，大部分技术是基于国外开源产品的二次改造，能力亟待加强。

表2-2　大数据相关核心技术及研发机构和人员

	相关核心技术	研发机构或人员
大数据采集与预处理	Flume NG（实时日志收集系统）	Cloudera
	Logstash（开源的服务器端数据处理管道）	乔丹·西塞
	ZooKeeper（分布式应用程序协调服务）	Google
大数据存储	Hadoop（数据存储开源框架）	Google
	Mesos（开源分布式资源管理框架）	加州大学伯克利分校
大数据清洗	MapReduce（面向大数据并行处理的计算模型、框架和平台）	Google
大数据分析与挖掘	Apache Spark（分布式计算引擎）	加州大学伯克利分校 AMP 实验室
	Storm（分布式实时大数据处理框架）	Twitter
	Hive（数据仓库分析系统）	Facebook
大数据可视化	Python	吉多·范罗苏姆
	Microsoft Office	微软
	SPSS	IBM
大数据相关硬件	CPU	英特尔
	GPU	英伟达

资料来源：作者根据互联网资料整理。

超级计算机（Supercomputer）是一种计算力极强的计算机，也称为高性能计算（High-Performance Computing），主要为最顶尖最前沿的科学研究服务，对大数据处理无疑具有极其重要的意义，也是一个国家的技术命脉。我国在超算领域曾经表现亮眼，神威太湖之光和天河超级计算机都曾名列世界前茅，但最新的超算公司排名中前十名已不见我国公司踪影（如表 2-3 所示），我国最强超算神威·太湖之光已退居第 11 位。这固然与我国开始转向量子计算领域有关，但也表明近年美国高技术对我国的出口禁令极大地影响了原有超算的进步。

表 2-3　世界超算公司前十排名

排名	名称	开发国家	每秒运算性能（PFlop/s）
1	Frontier	美国	1194.00
2	Aurora	美国	585.34
3	Eagle	美国	561.20
4	富岳	日本	442.01
5	LUMI	芬兰	379.07
6	Leonardo	意大利	238.70
7	Summit	美国	148.80
8	MareNostrum	西班牙	183.20
9	Eos	美国	121.40
10	Sierra	美国	94.60

资料来源：日经中文网，https：//cn.nikkei.com/industry/scienceatechnology/54035-2023-11-15-08-42-01.html。

（四）大数据产品与服务不适应数字化转型需求

随着传统产业数字化转型进程加速，通用型和基础性数据产品服务已无法满足现实中的需求，以软硬一体、边云协同、系统集成、平台支撑为特点的综合解决方案和按需定制已经成为主流①。然而，我国数据产业整体创新能力还不强、技术研发能力有限，对应用场景的探索和发掘不够深入、开发较为单一，如在数据分析、治理、安全等环节仍缺少产品和服务，无法满足各级政府、企业、组织和广大民众的高层次需求，高端产品和深层次应用的解决方案供给不足。

二、数据要素市场化的痛点

痛点是一个互联网术语，指的是市场不能充分满足的，而客户迫切需要满足的需求。痛点是人们在完成某种活动、进行某种体验过程中的阻碍，是能够触发人强烈渴求的动机或产生负面情绪（如恐惧、害怕、抱怨等）的原因。数据市场化的痛点是限制数据要素需求激发、阻碍数据供求有效匹配衔接的因素，主要体现在以下方面：

（一）数据资源供给能力不足

数据资源供给能力取决于数据要素市场的部门壁垒、区域壁垒和产业壁垒。政务数据开放动力机制尚未很好建立，现有公共数据开放程度不足，全国开放数据集规模仅相当于美国的11%，生产经营数据中来自政府的仅占7%。共享的数据以统计数据为主，社交数据、视频数据等新型数据较少且覆盖面较窄，数据开放系统的接口开放率较低②。由于管理标准不完善、交易体系不健全等，交易场所内的数据资源整体质量不高、交易流通不畅、供需不匹配。大量有价值的且可公开利用的"沉默"数据分散在公共部门和企

---

① 张立：《抢抓数字化发展新机遇 大力推动大数据产业高质量发展》，《中国电子报》2021年12月3日第8版。
② 马费成、卢慧质、吴逸姝：《数据要素市场的发展及运行》，《信息资源管理学报》2022年第5期。

业，这些部门和企业尚未摸清数据资源状况，使得海量数据资源短时间难以变成有价值的数据资产，进一步导致有效供给不足①。随着互联网巨头公司的发展，形成"阿里系""腾讯系""百度系"等数据共享阵营，而阿里数加、京东万象、腾讯大数据、百度 AI 交易平台等头部企业交易生态体系彼此之间壁垒森严，阻碍了数据要素共享流通。

（二）数据安全治理不完善

数据安全机制不完善，产业支撑能力不足，敏感数据泄露、违法跨境数据流动等问题仍时有产生。平台往往整合了海量的民众、企业和社会组织数据，但由于平台大多是基于 Hadoop 框架进行的二次开发，安全机制和保障能力较为薄弱。以上数据一旦泄露，对民众而言可造成隐私曝光等不良影响，对企业和机构则造成核心经营数据和商业秘密泄露，对政府而言则造成管理决策失误、社会治理失灵乃至危害国家安全等风险②。主要体现在以下方面：

一是隐私问题尚未得到根本解决。未来，随着数据价值的充分释放，资本的逐利性将促使市场参与主体不断供给海量的数据资源，这些数据资源往往包含了海量的个人或企业信息，从而使隐私在赛博空间"裸奔"。

二是数据跨境面临多元规则挑战。在经济全球化的今天，世界各国往往从最符合自身发展的角度出发，在考虑国家安全、产业能力等因素的前提下，制定数据跨境流动规则，从而增加了数据跨境的难度。

三是"数据孤岛"现象严重。在数字经济时代，各类数据产生速度快、规模大，但现实情况是大部分数据被少数平台企业控制，"数据烟囱"现象

---

① 施羽暇：《培育数据要素市场的现状、问题与建议》，《信息通信技术与政策》2022 年第 1 期。
② 于施洋、王建冬、郭巧敏：《我国构建数据新型要素市场体系面临的挑战与对策》，《电子政务》2020 年第 3 期。

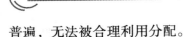

普遍，无法被合理利用分配。

（三）社会普遍对数据要素认知不到位

数据要素市场化的顺利推进有赖于全社会对数据要素的内涵、价值与意义等的认知充分到位，但现实情况是，虽然政府管理部门和市场主体、社会大众等对数据资源和大数据产业的认知和了解已有一定的进展，但对数据要素市场化的认识高度和深度还未充分到位，相关专业知识能力欠缺，产业服务能力不够，缺少"用数据说话、决策、管理、创新"的大数据思维。数字化转型扶持政策不够精准有效，政策兑现与企业诉求存在较大差距，形成了制度性障碍。各类传统企业等市场主体对数据融合应用的准备不足，信息化基础较弱且意愿不强，对数字化转型的重要性认识不够，决策管理层对数字化前景缺乏自信，管理能力偏弱，数据资源优势无法转化为发展优势。

（四）大数据企业融资难问题突出

从实践来看，数据资产融资已有一些典型案例，数据资本化取得一定进展。例如，2023 年 8 月，浙江温州市康尔微晶器皿有限公司通过质押"黑色无砷 LAS 微晶玻璃可见光和近红外透过率数据"获得中国银行龙港市支行数据知识产权质押授信 1 亿元，创下全国数据知识产权单笔质押融资金额最高纪录。2023 年 10 月，山东罗克佳华科技有限公司用一组 2.71GB 的数据，拿到了齐鲁银行百万元授信。根据国家知识产权局官网，浙江省数据知识产权试点以来，截至 2023 年 10 月，浙江共受理数据知识产权登记申请 1227 件，登记发证 311 件，赋能电商、医疗、海洋大数据、地理信息等重点产业 18 个，已累计实现数据知识产权质押融资 5.7 亿元、证券化 1.02 亿元、保险金额 210 万元、交易许可金额 105 万元。尽管如此，总体而言，大数据企业融资难问题依然突出。

一方面，大部分数据企业是中小微民营企业，发展初期往往需要持续资金投入。但当前大部分科研计划主要支持"国字号"背景企业和行业龙头企业，中小微企业难以得到经费支持。另一方面，数据企业是轻资产运作，能够符合银行借贷要求的抵押资产较少，而各地能实施专利权质押贷款的银行又偏少，因此资金往往制约着数据企业发展壮大。多层次金融支撑体系建设不健全，制约了数据企业的发育与成长。

（五）经济社会发展与产业配套反向制约明显

大数据产业在赋能经济社会发展的同时，也会受到经济社会发展、基础设施状况与产业链配套等因素的反向制约，中西部地区这种制约更为突出。原因在于中西部地区经济基础薄弱、体量较小，制约了大数据产业的发展规模。从产业结构来看，中西部地区的实体产业发展单一，主导产业的数字化、智能化水平较低，难以对数据产业形成有效需求。此外，数据产业发展与信息基础设施息息相关，无论是通信设备、传感器、采集设备等硬件设施，还是网络带宽、数据传输等网络环境，都需要完备的信息基础设施体系，中西部地区的信息基础设施建设明显滞后。再者，中西部产业链发展不够完善，整体呈现低价值环节多（数据存储和数据管理）、中高价值环节少（数据采集与清洗、数据分析、数据运维和应用）的特点[1]。以贵州为例，产业布局多位于低价值环节，往往以初级的存储备份为主，产业链中高端的云计算服务、数据清洗、数据标注等布局较少，储存备份的"冷数据"多，生产运营的"热数据"少，囤"数"大于用"数"。配套产业部署不完善，与软件和信息技术服务业相配套的模拟验证、性能测试、安全等保（即信息安全等级保护）等产业明显缺乏。

---

[1] 冯兰刚、尚姝、张再杰：《贵州大数据产业发展及路径研究》，《科技智囊》2021 年第 9 期。

第三章

"四化建设"构筑数据要素市场化通途

第一节 数据宝公司的发展概况

一、企业概况

贵州数据宝网络科技有限公司（以下简称"数据宝"，英文名为 China Data Pay）是一家定位于中国数据要素市场化服务商和面向全国提供优质国有数据增值运营服务的数据服务企业，2016 年成立于中国首个大数据综合试验区——贵州省贵安新区，致力于为国有数据资源方提供数据要素市场化全生命周期管理服务。除创始团队外，数据宝股东方均为国资股东：贵州贵阳大数据科创城产业发展投资基金合伙企业（有限合伙）（简称科创城产业基金）、中国科学院中科创星（产业基金）、海尔资本、贵安新区（产业基金）、鲲鹏基金、贵州省大数据基金等。数据宝是华东江苏大数据交易中心股东方与运营方，同时参与和运营广西、湖北、陕西等八大省级大数据交易平台，2021年被工信部评为大数据试点示范项目。

数据宝是国内少数同时具备国资参股、政府监管扶持、市场化运作、大数据资产交易合法经营资质属性的大数据"国家队"，在企业性质与经营管理等多方面具有鲜明特点：一是有资质，无风险。数据宝拥有政府批准的大数据资产交易经营资质，数据交易有资质，企业主要股东为国资股东，可信度高、风险低。二是广直连，无篡改。数据宝直连50多家部委和企事业单位的数据资源，维度全面权威，覆盖全国全量，一站式通联融合。三是懂市场，真应用。深耕市场化价值挖掘，掌握数据供需两端真正痛点，已落地互联网、金融、保险、物流、政务等300多个应用场景，累计服务品牌企业近百家。四是零存储，强加密。数据宝开创数据无痕交互引擎，原始数据不出库，出入数据零存储，保障数据安全。同时，企业通过国家信息系统安全等级保护三级备案认证（简称"三级等保"）①，确保数据交易流通的安全性。

数据宝目前已经直连的部委央企一手资源，包含人、车、企、路、环、能六大维度，其中全链化地完成了对通行数据的治理和运营，形成了1000多个商品化数据指标、100余个模型产品、8个平台级数据产品，不断推动国有大数据安全开放、流通以及创新应用。同时，数据宝以国有大数据为引擎，助力产业升级及数据要素市场培育，更好地发挥国有数据在推动社会经济发展中蕴含的生产能力。

---

① 在我国，"三级等保"是对非银行机构的最高等级保护认证。这一认证由公安机关依据国家信息安全保护条例及相关制度规定，按照管理规范和技术标准，对各机构的信息系统安全等级保护状况进行认可及评定。"三级等保"适用于地级市以上的国家机关、企业、事业单位的内部重要信息系统，重要领域、重要部门跨省、跨市或全国（省）联网运营的信息系统，各部委官网等。

二、发展历程

数据宝领导团队拥有 20 年数据治理及应用经验，合规布局紧跟国家数据要素市场化流通政策，业务模式已完成市场验证，并获得市场高度认可。数据宝公司先后经历了布局战、定位战、品牌战、能力战四个发展阶段。

（一）布局战：抢抓大数据战略机遇

在数据尚未成为关键要素，市场处于相对无序发展时，数据宝就已经瞄准数据市场。2004 年，数据宝前身拓鹏集团在上海成立，主营数据营销业务。在拥有多年大数据运营经验后，2015 年，公司与工信部电子第一研究所达成战略合作，深耕数据要素。2016 年，公司领导团队抓住国家首个大数据综合实验区建设机遇，在贵州省贵安新区成立数据宝。随后不久，公司获得贵州省贵安新区产业基金等数千万元战略投资。

（二）定位战：专注于国有数据运营

2016 年，《中华人民共和国国民经济和社会发展第十三个五年规划纲要》确定实施国家大数据战略，推进数据资源开放共享，数据行业发展进入井喷期。在此期间，数据行业出现了数据诈骗、数据泄露和数据安全事件泛滥等严重问题。数据宝注意到数据来源合规的重要性，决定在经营范围上，重点探索专注于国有数据治理和代运营。经过三年时间，数据宝先后调研了国家多个部委、央企、国企等单位，初步建立了融合不同数据源的国有数据资源网，确立了数据宝国有数据代运营这一核心经营模式。

2017 年，数据宝第三次登上中央电视台，全年累计得到了 500 多家主流媒体的争相报道，同年获"国家大数据（贵州）综合试验区重点企业"称号。2018 年，中国科学院中科创星（产业基金）、海尔资本战略投资入股数据宝，同时，数据宝战略入股华东江苏大数据交易中心并成为其运营方，数据宝董事长汤寒林兼任华东江苏大数据交易中心总经理。同年，数据宝获得省级"高新技术企业"称号。

（三）品牌战：聚焦"四行一政"领域

2019 年，《中共中央关于坚持和完善中国特色社会主义制度 推进国家治理体系和治理能力现代化若干重大问题的决定》发布，首次将数据列为生产要素。之后，国家出台多项政策，强调加快培育数据要素市场，明确"引导培育大数据交易市场，依法合规开展数据交易"。数据宝紧跟政策趋势，以国有数据代运营身份，对合作部委、央企、国有数据资源池进行纵深式场景挖掘，以通行数据为基，直连数据为准，集中资源在保险、金融、物流交通、互联网、政务（"四行一政"）上推进数据要素市场化探索，促进在"四行一政"领域落地深耕。2019 年数博会期间，数据宝承办"2019 数据宝国有数据资产安全运营高峰论坛""2019 数据宝国有数据资产场景应用高峰论坛"两场分论坛。2019 年，数据宝上线中国首个货车信用智能查询平台"货车信用宝"，并在当年先后四次获得中央电视台《朝闻天下》栏目报道。

2020 年，数据宝荣获"国家级贵安新区大数据数据增值服务领军企业"称号、荣获"贵州大数据企业 50 强"、入选贵州省大数据"百企引领"示范企业名单、上线政务大数据解决方案，并成功中标广西经济社会云大数据交易中心项目。

2021 年，鲲鹏基金入股数据宝。同年，数据宝荣获"贵州省五一劳动奖"、被工信部评为"国家级大数据试点示范项目"、连续两年发布《全国交通大数据行业应用报告》。

（四）能力战：形成垂直行业 AI 模型开发能力

2022 年是我国数据要素市场化发展关键之年，《中共中央 国务院关于构建数据基础制度更好发挥数据要素作用的意见》（"数据二十条"）出台，明确要求建立保障权益、合规使用的数据产权制度；建立数据要素收益分配制度，要求推动数据要素向数据价值和使用价值创造者合理倾斜。

在"数据二十条"出台的大背景下，数据宝也迎来了从单一的数据链接能力迭代到提供产品模型的能力，实现公司经营能力从 1.0 版到 2.0 版的跨越。通过不断提高数据挖掘能力、产品模型能力、场景落地能力，数据宝建立了企业实力"护城河"，成功树立了垂直类行业场景落地应用模型专家形象。

2022 年，贵州省大数据基金投资入股数据宝；数据宝产品车险分析模型荣登国家工业信息安全发展研究中心公布的"2022 年度数据要素典型应用场景优秀案例"榜首；数据宝获得贵州省省级专精特新"小巨人"企业称号。此外，2022 年数据宝还先后与华为云和腾讯云达成合作意向。

2023 年，数据宝获得"贵州省 5G 应用场景示范项目（五星）"；由数据宝创建的贵州省交通运输大数据创新中心获贵州省大数据发展管理局正式授牌；数据宝第六次荣登中央广播电视总台节目；合资成立贵州数据产品加工运营有限公司；全国首发数据资产管理系统软硬件一体化平台。

三、企业商业逻辑模型框架

数据宝历经多年发展，聚焦政务、金融、保险、交通物流、泛互联网等行业数据挖掘应用，总体上形成了"12345"的企业商业逻辑模型框架，即"一个定位、两个原则、三个机制、四条路径、五个目的"，如图 3-1 所示，形成了数据宝探索数据要素市场化路径的重要理论指导。

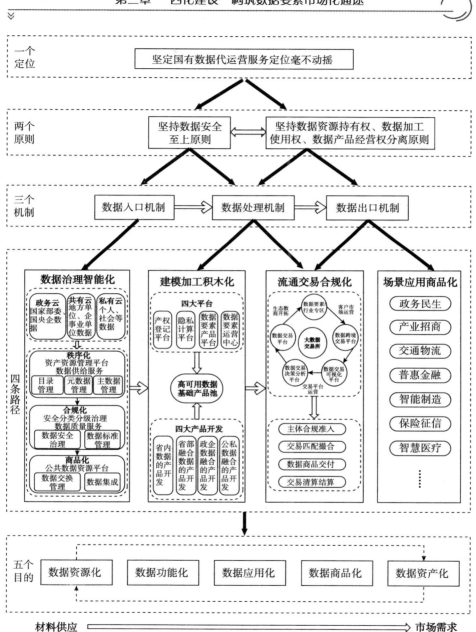

图3-1 数据宝数据要素市场化实现机制框架

资料来源：作者自制。

（一）"一个定位"

"一个定位"，即坚定国有数据代运营服务商定位不动摇。数据宝以"激活国有数据价值，促进行业合法合规发展"为使命，为国家部委局及直属机构、省（自治区、直辖市）、地市州盟、央企的大数据产品流通充当"审核员、服务员、监督员"的角色，致力于打造中国第一的国有数据生态圈。

（二）"两个原则"

"两个原则"，即"坚持数据安全至上原则"和"坚持数据资源持有权、数据加工使用权、数据产品经营权分离原则"两个原则。

1. 坚持数据安全至上原则

数据宝按照主体安全、运营安全、技术安全、资质安全的数据安全观，建立"四位一体"数据安全保障体系，明确只接受国资入股，明确真实企业、真实应用场景、真实用户授权"三真"准入审核机制，多机房容灾容错，取得合规大数据资产交易资质，形成"国资参股、政府监管扶持、市场化运作、大数据资产交易合法经营资质"安全可控的、特色鲜明的行业数据融合服务商。通过数据治理安全、数据传输安全、数据应用安全、运营体系安全、实时监管安全，达到保证数据交互不出库、数据应用零存储、数据场景强授权、数据服务对象资质符合要求等合规应用要求。

2. 坚持数据资源持有权、数据加工使用权、数据产品经营权分离原则

考虑到国有数据的特殊性，数据宝在与中央部委和国有企业合作时，不主张原始数据持有权，尤其尊重国有部门依法持有原始数据地位，深刻理解国有数据持有主体对原始数据安全关切。相应地，数据宝追求在满足"合法取得"原始数据前提下，获得数据处理加工权，承担数据安全保障义务，以"实质性加工"和"创新性劳动"为前提形成数据产品和服务，取得相应数

据产品与服务使用权。

（三）"三个机制"

"三个机制"，即数据入口机制、数据处理机制和数据出口机制三个机制。

1. 数据入口机制

坚持国有数据代运营定位，聚焦数据来源，坚持一手直连，权威授权，确保原始数据合法合规。建立标准化数据采集流程，制定数据质量评估标准，确保数据准确性和完整性。关注数据处理技术更新和升级，以数据治理智能化为重要抓手，在有效提升工作效率的同时，确保数据质量。

2. 数据处理机制

建立完善数据处理流程，以数据加工积木化为重要抓手，打造丰富立体的多维数据基础产品矩阵，形成低成本、高可用、真合规的国有数据基础产品池。以国有数据链接、治理、应用变现为经验，形成行业特有的国有数据资产全生命周期运营管理服务，以及数据资产合规交互应用体系，确保数据不仅来源安全，而且数据加工处理流通交易安全。

3. 数据出口机制

以数据交易流通合规化为重要抓手，建立规范数据产品输出流程，制定数据产品输出标准，通过"三真"准入审核监控系统，确保数据产品流通交易质量。以场景应用商品化为重要抓手，根据数据产品真实场景应用，创新数据产品开发，通过数据 API、数据报告和服务平台等形式，积极探索市场推广新方式，确保数据产品不仅可以满足市场真实需求，而且可以拓展市场空间。

（四）"四条路径"

"四条路径"，即以"四化建设"——数据治理智能化、建模加工积木化、场景运营商品化、流通交易合规化形成的四条路径，并以此为重要抓手，形成从原始数据到数据产品的三个机制，构筑数据要素市场化通途。

（五）"五个目的"

在国有数据代运营服务商定位下，全面贯彻落实确保数据安全原则，数据资源持有权、数据加工使用权、数据产品经营权分离原则，不断完善形成原始数据到数据产品的三个机制，以"四条路径"为手段，实现数据资源化、功能化、应用化、商品化、资产化五个目的，全面推进公司可持续发展，助力数据产权制度不断完善，数据合规流通交易形成资产，数据要素市场化加快形成，大数据产业加快发展。

第二节　数据治理智能化

一、数据治理智能化问题提出

大数据的核心价值在于应用，数据管理、数据治理是大数据应用的基础。在对各项决策数据分析的过程中，由于需要综合汇总的结构化数据与非结构化数据混杂，数据质量不高，数据标准不统一，难以用统一的数据模型或者数据算法完成，特别是在数据治理中存在以下问题需要处理：第一，错误数据问题。由于数据源头错误、数据格式不正确、数据遗漏等，存在数据采集错误问题。同时，由于数据清洗规则不正确、数据转换规则有误、数据处理过程中异常处理不当等也存在数据处理错误问题。第二，数据修复问题。数据中的空值、冗余数据、不符合业务规则的数据等数据异常，数据中的某些字段缺失、不完整等数据缺失，以及数据中的重复数据、错误数据类型、错误数据格式等数据错误，均需要数据修复。第三，数据冗余问题。在数据存储中，由于数据来源众多，不同的数据源在数据格式、编码方式、数据质量等方面存在差异，存在多源数据整合导致数据冗余。在数据处理过程中，为方便数据处理和提高处理效率，对数据进行复制，存在数据复制导致数据冗余。为保留历史数据或备份数据，会对数据进行存档，而这些存档数据往往与原始数据存在重复，存在数据存档也会导致数据冗余。此外，由于数据模型设计不当，数据模型不恰当也会导致数据冗余。

二、数据治理智能化解决思路

高度重视数据治理，确保数据来源准确可靠，是数据企业一切运营的基础与起点。在数据来源安全稳定的前提下，通过数据治理智能化来推进数据标准化、数据价值化、数据资源化。数据宝认为数据治理是三级治理：第一级治理是基础化治理，达到数据的全维和基础可用；第二级治理是合规化治理，满足共享开放标准，符合法律法规的安全分级分类；第三级治理是商品化治理，针对应用场景，面向流通安全分级分类。数据宝认为智能化治理是在三级治理中的应用（如图3-2所示）。

在数据宝的治理体系中，数据清洗是最基础的第一级治理，就是经过一系列数据清洗流程变成比较规范化的可用基本数据，形成规范化和标准化数据。在这个过程中，数据宝应用智能化技术，对错数据、空缺数据、非规范

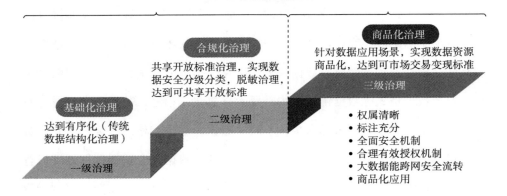

图 3-2　数据宝的数据三级治理模式

资料来源：数据宝公司。

数据完成清洗、信息补全，快速打通"数据孤岛"，有效整合全链数据，实现数据从原始化到资源化的蜕变。

以通行数据为例，数据宝发现，国家通行数据来源于各个省级数据汇集，有些省级数据存在一些时间段数据缺失的情况，如从凌晨四点到九点，某一天或某些天这个时间段数据缺失。这不是简单的数据格式问题，也不是数据规范问题。由于缺少数据，基于整个数据集进行的判断，就可能出现偏差，需要对缺失数据进行补全才能对未来的数据价值进行挖掘。对此，数据宝在统计维度上对数据进行补全，采用时间序列模型和深度学习的算法模型进行数据回溯和数据规律探查，寻找数据规律，再结合历史数据和实时数据进行数据缺失矫正。数据宝通过智能算法对数据矫正拟合，对数据进行补充，提高了数据的可靠性，得到了宏观层面的认可。在实际场景中，如保险理赔率方面，智能化治理后的数据价值也得到了验证。因此，数据宝对数据治理智能化的理解和要求，不是简单的数据清洗，而是大量基于未来流通价值挖掘数据需求，利用算法模型进行数据回溯补全以及拟合。

再以交通行业为例，对于长途驾驶疲劳这件事情，多长时间算疲劳？经过一个服务站区，在数据上如何体现出来？数据宝采用系统动力学模型方法，建立驾驶疲劳动态因子，在全量数据中提取经验，动态滚动提取平均开车时长以及时长内出险的情况。数据宝建立的驾驶疲劳标准是动态的，是通过自动化实现的，驾驶疲劳动态因子为保险公司制定车险理赔方案提供了强有力的决策参考。

数据宝认为，数据安全合规一定是面向流通的安全分级分类，只有结合场景应用的数据才有价值，因此第二级和第三级治理需要结合起来。数据宝未来生成的数据，并不是靠人工观察其属于哪一个数据域、哪一个数据标签，而是通过一些规则，结合模型进行再分类，不是单纯分为个人信息类、交通里程类、驾驶速度类数据，而是通过智能化辅助分析，数据本身是面向验证类敏感还是面向业务类敏感，是面向授权敏感还是面向信息规模敏感。基于数据特征以及组件相关信息，结合智能算法进行数据再归类，在实现安全分级分类的同时，数据也得到了一个未来应用场景。数据宝总结认为，这是策略模型和数理逻辑放在一起之后，数据分别落入了不同存储序列，等到未来在真正进行价值流通时进行数据准备。比如人脸识别数据，是需要实时响应的，数据要准备到内存或缓存甚至是多级缓存，才能在非常短时间内，比对数据完成人脸识别。这个过程数据宝是借助一些算法辅助进行核验。

三、数据治理智能化实施效果

按照数据治理智能化发展思路，数据宝的业务发展取得了显著成效。车险分析模型项目入选国家工业信息安全发展研究中心公布的"2022 年度数据要素典型应用场景优秀案例"，"多源大数据融合创新应用及应用商品化三级治理平台"项目在 2022 年第一届中国大数据大赛上荣获"数据要素流通"赛道三等奖，"基于 5G 技术的高速国有大数据治理多元应用"获得贵州省 5G 应用场景示范项目（五星）称号等多个国家级、省级的荣誉。在对交通部数据资源标准化处理过程中，数据宝发挥了积极作用。首先，建立了具有战略性意义的服务等级协议（SLA）服务体系。根据核验标准，分别从时效性、性能性、安全性、完整性、有效性标准分别制定 SLA 数据服务质量体系，保证高质量的数据商业化运作。其次，货车保有量数据趋近国家统计局数据。光学字符识别（OCR）的问题导致车辆数识别过多，通过高频车辆筛选后将有效车辆集中在 1076 万辆，考虑到营运载货汽车包含所有城配，而高速数据主体为干线货车，1076 万辆的可信度较高，治理后的数据相对前期有质的飞跃。最后，改善上路天数/车牌颜色/超速超载/支付方式/单车行驶里程等业务逻辑合理性。超过 26% 的车辆存在多种车型，治理后车型具有唯一性，且两种车型统计方式中重卡均趋向国家统计局公布的数据（700 万辆左右）。上路天数代表货车的经营情况，治理后货车上路天数（中卡年平均 77 天，重卡年平均 112 天）趋向合理，后续可继续提升质量。治理后发现货车超载的重复行为远高于超速，但曾有过超速行为的车辆要多于超载行为，高速行驶危险行为较为严重，需引起重视。治理后单车日均里程为 197.25 千米，与参考标准非常接近，后期可根据里程数评及单价评估消费情况。

四、数据治理智能化未来方向

坚持数据治理智能化手段不动摇，数据宝将实时关注智能化技术发展动态，采用最新前沿智能技术进行数据治理，不断提升智能化数据治理水平。

（一）不断提升数据清洗效率和精度

通过利用机器学习、自然语言处理和数据挖掘等技术，自动发现和修正数据中的异常值、错误信息、重复数据等，提高数据清洗效率和精度。根据不同领域和场景需求，定制化开发数据清洗工具，满足特定数据清洗的需求。

（二）实现元数据自动发现、管理和利用

采用智能化手段，通过智能化工具对数据进行自动分类、关联分析、异常检测等操作，自动生成元数据信息，提高元数据的可用性和易用性。

（三）建立基于人工智能数据治理平台

建立完善基于人工智能的数据治理平台，实现从数据采集、清洗、存储、管理到应用的全流程智能化，提高数据处理和应用的效果和效益，提供可定制化的数据治理方案，实现数据治理的个性化和智能化。

（四）深化数字治理协同

采用智能化手段，实现不同行业、不同平台之间的数据交换、共享、协作和管理，促进数据流通和应用。通过智能化中间件技术，实现不同系统之间的数据互通和共享；通过智能化权限管理技术，实现不同用户角色数据授权和访问控制；通过智能化协作平台，实现不同地域之间的远程协作和工作协同。

第三节　建模加工积木化

一、建模加工积木化问题提出

建模加工积木化是在数据治理基础上，通过对数据进一步组合加工，将治理后数据加工成为数据产品的关键一环,通过建模加工积木化避免数据权属争议,提高数据处理效率,充分挖掘数据商业价值,形成高可用数据基础产品池,进一步提高数据质量和应用价值。在此过程中,全面体现数据资源持有权与加工使用权分离原则,有效解决数据权属等问题。首先,数据权属争议妨碍了数据有效开发。数据持有权、使用权和处置权不明确,极大影响数据有效利用和管理。建模加工数据只行使数据加工权,通过将治理后的标准数据进行分类、组合以及技术性加工,形成具有一致性和可靠性的脱敏模块化数据,消除数据隐私,避免数据主权争议,规避了可能的数据产权法律纠纷,为数据商品化开发提供了法律基础。其次,传统数据运算方式妨碍数据有效开发。隐私加密数据交换后运算,数据量大,效率低,建模加工积木化,核心是数据产品交易,形成一些具有特定数据场景应用潜力的模块化数据产品,减少原始数据处理和分析的复杂度和工作量,提高数据处理的效率和准确性。最后,传统数据融合思想妨碍数据有效开发。虽然经过加工和处理后的数据才能转化为有应用价值的数据产品,但原始数据融合开发难度大,难以形成有效商业模式,将极大地阻碍数据的有效开发。建模加工积木化以数据产品融合开发为目标,将省部数据、不同行业数据、政企数据等不同来源数据,按照数据产品开发思维进行整合和关联,提取出潜在商业有用高质量数据信息,形成高可用数据基础产品池,极大提升数据潜在附加应用价值。

二、建模加工积木化解决思路

通过建模加工积木化搭建,有效规避数据主权问题,解决原始数据融合难度大问题,开发数据产品广泛用途,形成高可用数据基础产品池。数据宝在推进建模加工积木化过程中，清楚认识到融合数据的潜在巨大价值，明确将省部数据融合开发、政企数据融合开发、公私数据融合开发作为数据基础产品池中战略核心基础开发产品的定位。建模加工积木化的好处在于，积木化数据具有通用性、复用性和可扩展性，可以组合成不同场景下的数据产品，不仅能节省企业算力等多种资源，而且积木化策略能快速响应市场需求并搭建新产品，对外提供服务。

通俗来说，积木的意思就是有很多零件可以通过拼装形成丰富多样的产品。常规的数据建模加工称为自动化建模，数据宝认为，这样的模型缺少适用性，缺少针对具体问题的解决能力。根据数据宝的调查，自动化建模由于缺乏市场适用能力，相关公司存活率很低。

数据宝从真正能落地的角度来做建模，如开车疲劳，金融机构和保险机构对此的看法截然相反。给车辆投车险之后，极端地说，保险机构期望的是投保车辆最好不开，绝对安全不出险，而从金融机构的角度，车只有多开才能看出车主偿还车贷的能力，同样的事情，不同角度的看法完全是矛盾的。对此，数据宝在做相关工作的时候，不是以单一模型为单位输出，而是会基于车辆行驶里程、车辆危险路段驾驶行为生成数据因子，依赖一个小模型算法进行数据训练，训练后的小模型具有通用性特点。训练后的小模型在应用时可以进行再组合，彻底改变模型应用方向。基于车辆里程、车辆危险路段行驶行为等数据是共用原件，数据宝小模型训练后，在金融方面，小模型组合成授信定额决策模型、面向中小物流企业的企业贷款风险决策引擎模型；在保险里面，小模型组合成货车风险评分模型，也可以组合成理赔反欺诈模型等。

总结下来，小因子到底如何切割，与原子化逻辑相关。数据宝以通用性考量到底封装成什么样的因子，小因子适用范围经过深度构思，再结合多年积累的大量业务场景应用经验，因此数据宝生成的数据因子适配性普遍较高，当需要一个新场景，就可以把相关因子抽出来重新组合进入新场景模型。数据宝的核心竞争力之所以在算法模型，就是因为数据宝有长期积累的大量小模型。图 3-3 用交通数据详细解释了建模加工积木化过程（部分）。

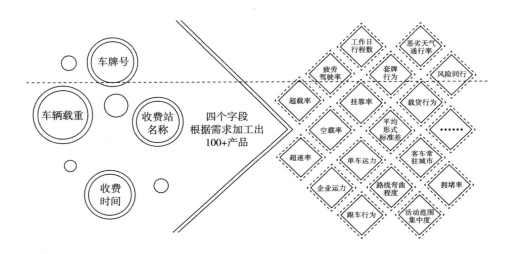

图 3-3　交通数据建模加工积木化过程（部分）

资料来源：数据宝公司。

三、建模加工积木化价值评估

（一）数据应用场景评估

评估每个积木化数据对不同应用场景的适用性和有效性，以便更好地了解它们在不同应用场景中的价值和贡献。

1. 数据应用场景的多样性

评估积木化数据在不同应用场景中的多样性和适用性。每个积木化数据都有其特定的应用场景,了解数据在不同应用场景中是否具有多样性和适用性,通过评估数据的多样性,更好地了解数据在不同场景下的可应用性和价值。

2. 数据应用的效果评估

对数据的预测准确性、分类效果、聚类效果等多个方面进行评估。通过评估调整数据应用方法和模型,以提高数据应用的效率和准确性。

3. 数据应用的商业价值

评估积木化数据应用能够为公司带来的商业机会、竞争优势和实际收益。了解每个积木化数据在不同应用场景中是否具有商业价值,分析这些数据的商业价值和贡献,根据评估价值,制定相应的商业策略。

(二)数据成本评估

对每个积木化数据成本进行评估,包括数据的采集、存储、处理、维护等多个方面。通过对每个积木化数据的成本进行评估,更好地了解成本效益和贡献率,以便在实际应用中选择最合适的积木化数据。

(三)数据隐私和安全评估

对每个积木化数据的隐私和安全进行评估,以确保其符合公司隐私和安全标准。对每个积木化数据的访问权限进行管理和控制,以保障数据的安全性和隐私性。通过从数据应用场景、成本和隐私安全等多个方面进行评估,了解每个积木化数据的价值和贡献,以便在实际应用中选择最合适的积木化数据,并为公司带来更多的商业机会和竞争优势。

四、建模加工积木化未来方向

数据宝把建模加工积木化作为企业发展的关键战略,长期不动摇,在此过程中，不断提升建模加工水平。紧紧围绕相关宏观政策要求，实时关注数据要素市场发展动态，建模加工积木化符合政策需要，走在市场前沿。开拓思维，利用技术手段，根据不同行业的场景需求和应用特点，定制化数据处理方案和流程，以更好满足更多独特需求和应用。针对不同行业和场景的数据处理需求，进行场景化和行业化的数据处理方案设计，更加适应场景化和行业化数据产品需求。

第四节　场景应用商品化

一、场景应用商品化问题提出

如何满足不同行业和领域的数据需求，将数据价值最大化，如何方便地将不同模块化数据组合成各种场景下的数据产品，促进更多具有创新性的数据产品的涌现，如何提升数据应用效率，增强数据创新能力，是数据市场面临的重要问题。场景数据商品化，通过精细化组装，形成更多具有应用价值的场景数据产品，为企业和政府的决策和发展提供更有价值的支持，促进数据的流通和交易，推动数据的创新应用和发展。

二、场景运营商品化路径策略

在数据宝看来，所谓的商品化，就是要解决客户的痛点，即以为客户创造价值为导向，把数据应用到具体业务具体场景中，这样才能真正解决客户痛点。鉴于处于不同发展阶段的企业业务需要差异较大，如何创造价值甚至帮助企业一站式解决问题？为此数据宝设计了客户全生命周期解决方案。

什么是客户全生命周期？数据宝认为，以一个电商平台为例，如平台定位服务客群是对生活有一定的品质要求，对时间有一定要求的消费群体，平台从成立到快速发展，各个阶段需求不同，这些需求可以通过典型场景充分体现出来。例如，在平台创立初期，企业面临的核心问题是如何在缺乏数据积累的情况下精准获客。由于广撒网获客成本极高，面对这样的业务场景，数据宝采用大数据分析方法为平台提供客户画像，使电商平台能够以较低成本精准获客，完成平台冷启动。在潜在客户进入平台系统后，数据宝可以进一步分析离散化的标签，为平台提供更精确的客户画像，为平台推荐系统方向性、针对性更强，更有可能找到正确的增量空间，甚至形成平台第二增长曲线。如平台在卖手机之后，能不能卖手表，卖手表之后能不能再卖儿童座椅等。在商品销售之后，平台可能需要考虑是否涉足消费金融，此时需要分析消费信贷是否会变成坏账的问题。数据宝可以借助权威国有数据的信息帮助电商平台迅速形成判断，数据宝提供的数据风控模型也可以解决这个问题。综合来看，从平台获客到成熟运营的不同阶段，数据宝都有相应大数据分析服务赋能客户取得成功。数据宝以客户运营各阶段典型场景为目标，针对场景提供一体化解决方案。数据宝认为，场景运营商品化，从本质上说就是以客户为导向，在客户发展的每个阶段、每个场景提供针对性数据产品，最大化为客户创造价值。图3-4解释了如何基于客户需求，基于业务场景为客户提供全生命周期一体化解决方案。

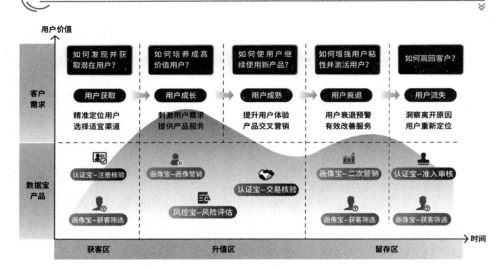

图 3-4　场景商品化：为客户提供全生命周期一体化解决方案

资料来源：数据宝公司。

三、场景应用商品化实施效果

专栏一：数字工厂解决方案

国内某知名药厂集团有超过 2 万名职工，每日进入工厂人员数量庞大，其要对进出工厂的人员进行人脸识别以核验身份，防止外来人员随意进出，以保护工厂安全，提高日常经营管理效率以及规范工厂管理制度。此外，该集团还需要针对药品销售开通电商渠道，以及为客户提供会员服务及增值服务等。

工厂访客管理、安全防控、提高工厂数字化管理能力及客户营销能力是一类典型的数据应用场景。针对这样的场景，数据宝开发了实名认证、银行卡核验、手机核验、人像比对、短信验证码、语音验证码、一键登录等数据产品，满足客户需求，获得了客户的高度认可。围绕员工管理，企业还有更多的场景需求数字化赋能，数据宝基于权威授权的国有大数据资源及云计算技术，开发出数字工厂解决方案，用于智能考勤、智能门禁、灵活用工、智能发薪等场景，为工厂提供专业的、完整的信息化运营管理与企业服务平台，助力工厂向数字化、智能化模式转型升级，实现工厂管理服务水平的提升。

专栏二：汽车会员管理

某著名汽车主机厂商，主要通过4S店或综合经销商完成汽车销售，汽车用户的数据多散落在各4S店等渠道经销商处，厂商自有会员数据库存在大量虚假用户信息。随着新车销售增速放缓，为了加强车主对品牌的用户黏性，同时为车主提供更多增值服务，需要快速对车主基础信息进行验证及清洗，确保用户信息的真实性和有效性。

数据宝不仅提供实名认证、手机核验、短信验证码、一键登录等传统数据分析服务，而且从以客户为导向，为客户创造价值，努力为客户设计全生命周期一体化解决方案的角度出发，围绕会员注册、车辆运行、运营管理、车辆价值等方面，设计数据产品，为客户创造价值。在会员注册上，基于公安、运营商、车辆大数据，从身份证、手机两个维度对司机身份进行实时验证，并配合行驶证、驾驶证对车主/司机的资质进行实时核验，提升用户数据库的质量。在车辆运行上，基于气象、灾害预警等数据，帮助司机及乘客提前进行出行规划。在运营管理上，通过运营商、铁路大数据，对现有会员数据库进行治理，补充用户标签，精准描绘用户画像，为个人用户提供个性化产品及服务，提升现有用户的价值。在车辆价值上，基于车辆大数据，为车辆建立信息化档案，对车辆价值、车辆违章、车辆信用等进行信息化的评估及管理，降低运营成本，提升车辆使用价值。

数据宝基于直连 50 多家部委和企业事业单位，权威、合法、多源的国有大数据资源，帮助汽车厂商自有会员平台构建和完善会员数据运营风控体系，实现用户注册、实时身份核验、人车一致、车辆管理等全流程安全风控及画像数据应用方案，打造会员营销新模式，提升汽车厂商会员平台营运的整体风控能力及客户体验，降低运营成本。

四、场景应用商品化未来方向

基于场景的数据产品开发是立足市场需求的开发战略，必须坚持数据产品场景化开发不动摇，不断提升场景运营商品化水平。

（一）未来要加强跨场景数据融合

数据宝认为，未来，随着数据来源和类型的多样化，跨场景数据融合将成为多场景下数据产品的重要方向。通过将不同领域、不同类型的数据进行融合，形成更加全面的数据立体画像，为用户提供更加精准的数据支持。

（二）推出更丰富的个性化数据产品

不断深化场景运营商品化战略，为更多用户提供定制化数据产品，满足个性化数据产品需求。挖掘现有用户潜力，为现有用户提供更多定制化数据服务等，形成丰富的产品矩阵，巩固企业市场竞争优势。

第五节　流通交易合规化

一、流通交易合规化问题提出

数据流通交易合规化是行业关注的重要问题，具体体现在：第一，数据共享难。数据烟囱林立，数据碎片分布难以整合，数据权属与流通风险衍生安全担忧。第二，数据流通难。主体安全、技术保障、过程监管缺乏系统性保障，合法合规的规模化流通缺乏有力支撑。第三，数据变现难。供需信息不对称，数据场景价值挖掘不落地，从数据要素到变现数据商品缺乏市场化经验。

二、流通交易合规化策略

关于流通交易合规化，数据宝认为必须兼顾两个方面：一是数据符合国家政策；二是保障数据安全，尤其要保障流通数据要素安全。对此，数据宝从国家安全高度认识到数据流通安全的重要性，采取综合性措施尽可能把数据流通过程中的不可控风险降至最低，主要包括以下三个方面：

第一，严格数据准入。数据宝建立了一套完善的数据资源准入规则。比如，消费者手机装了某公司开发的 App 后被该公司获得的信息资料，是不会被数据宝采纳的，因为数据宝的准入规则确保不会审核通过非法数据来源。

第二，确保数据准用。在数据来源合法化的基础上，面对数据交易流通，数据宝本着数据安全的理念，进一步自我约束，开创"三真"准入审核机制。要求数据流通交易必须是真实企业、真实业务场景以及真实用户授权。首先，数据交易对象必须是真实的市场主体，有合法经营证照。其次，数据要有确实可信的落地业务场景，数据宝不参与没有具体业务场景的数据交易。最后，在数据需要多级传递时，是否得到数据终端用户的授权，也需要审核。"三真"准入审核机制保证了数据准用。

第三，技术保障数据流通安全。数据具有可复制性，对于如何保证数据集的数据安全，数据宝申请了众多专利。其中的一项数据溯源技术，可以回溯给客户用的数据是否经过授权转给第三者使用，乃至形成多方使用，溯源技术确保能够举证谁违规使用了数据。另外，轻量隐私计算技术，能够保障数据从资源方到最终端客户，中间层没有办法复制一些关键核心数据资源。此外，通过联邦计算，数据宝独创的安全屋技术，保障了数据在流通状态下可监管，只有合法授权后才可以向外输出应用。总之，数据宝高度重视数据交易流通安全，积累了多年经验，有多项相关专利，形成了数据交易流通合规的一整套体系。

三、流通交易合规化未来方向

数据流通交易合规化总体趋势十分乐观，随着国家不断完善数据相关法律法规，为数据流通交易合规化提供了更加有力的保障。

（一）不断完善法律法规

数据宝认为，在数据收集、存储、处理、交易、使用等多个方面，个人隐私和企业商业秘密，维护社会公共利益和国家安全都将得到更好的法律保护。与此同时，通过加大对数据违法行为的打击力度，提高数据交易流通的违法成本,利用法律手段保障数据流通交易合规化的顺利进行。

（二）不断创新技术手段

数据宝认为,未来随着技术手段的不断创新,包括区块链技术、加密技术、脱敏技术、隐私保护技术等智能化的数据处理和分析技术,将使数据的机密性、完整性、可用性和隐私性得到更大保障;随着更加高效、安全、便捷的数据交易流通技术手段的不断应用,将有力促进数据快速交易和高效利用。

（三）逐步建立行业自律机制

在数据流通交易合规化过程中,随着数据交易行业协会、数据隐私保护组织等行业自律机制的建立和完善,通过制定行业规范、推广数据伦理、加强技术交流等方式,强化自我约束和自我管理,提高数据交易行业的整体素质和水平,数据交易流通合规化将更加简便易行。

第四章

"四位一体" 保障数据体系安全

第一节　加强数据安全保障建设的必要性和重要性

随着信息技术的飞速发展，数据安全问题已经成为了关乎国家安全、经济发展和社会稳定的重要因素。在信息化社会，数据作为重要的资产和资源，其安全性直接关系到个人隐私、企业商业机密和国家安全等方面。因此，加强数据安全保障建设成为了当前亟待解决的重大问题。

一、加强数据安全保障建设是保障国家安全的必然要求

国家安全是一个国家生存和发展的基础，涉及国家的政治、经济、军事和社会稳定等多个方面。数据安全作为国家安全的重要组成部分，对于保障国家安全具有至关重要的作用。现阶段，数据已经成为了国家的重要战略资源，数据的泄露或被篡改可能会对国家的政治稳定、经济发展、军事安全和

社会和谐产生重大影响，甚至可能引发严重的危机。

首先，加强数据安全保障建设可以有效地保护国家的政治安全。政治信息是国家机密的重要组成部分，政治信息的数据安全如果不能得到保障，就会对国家的政治稳定和政权安全产生严重的威胁。加强数据安全保障建设可以有效地防止政治信息的泄露和篡改，从而保障国家的政治安全。其次，经济数据是反映国家经济发展状况的重要依据，加强经济数据安全保障建设可以有效地保护经济数据的安全，为国家的经济发展提供稳定的环境。最后，加强公共数据安全保障建设，可以保障军事安全和社会稳定。军事信息和社情信息是国家安全的重要组成部分，加强数据安全保障建设可以有效地保护这些信息的安全，保障国家的军事安全和社会稳定。因此，加强数据安全保障建设是保障国家安全的必然要求。只有加强数据安全保障建设，才能为国家的安全、经济的发展和社会的进步提供强有力的支持。

二、加强数据安全保障建设是促进经济发展的重要保障

在信息化社会，数据已经成为推动经济发展的重要资源。数据的利用和保护对于企业的运营和发展至关重要。数据的泄露或被篡改可能会对企业的商业机密、客户信息等重要资产造成损失，进而影响企业的正常运营和发展。此外，数据安全问题也可能会影响消费者对市场的信任度，从而对经济发展产生负面影响。

首先，加强数据安全保障建设可以保护企业的商业机密和客户信息等重要资产。这些信息是企业运营和发展的基础，对企业而言具有极其重要的作用。加强数据安全保障建设可以有效地保护这些信息的安全，避免因信息泄露而导致的各种不良后果。其次，加强数据安全保障建设可以提高消费者对

市场的信任度。消费者在选择商品和服务时，往往更加倾向于选择那些数据保护措施完善、信誉良好的企业。加强数据安全保障建设可以提高企业在消费者心中的信誉度，增加消费者对市场的信任度，从而促进经济的发展。最后，加强数据安全保障建设还可以促进企业之间的合作和创新。数据的共享和流通是推动经济发展的重要手段。加强数据安全保障建设可以为企业提供更加安全可靠的数据共享和流通渠道，促进企业之间的合作和创新，推动经济的快速发展。因此，加强数据安全保障建设是促进经济发展的重要保障，只有加强数据安全保障建设，才能为经济的稳定发展提供强有力的支持。

三、加强数据安全保障建设是推动社会进步的重要支撑

随着科技的飞速发展和大数据时代的到来，数据已经成为推动社会进步的重要支撑。在教育、医疗、交通等多个领域，数据为决策者提供了宝贵的参考，为社会发展带来了巨大的变革。然而，在这个过程中，数据的泄露或被篡改可能会对社会的各个领域产生严重的负面影响，进而阻碍社会的进步和发展。

在教育领域，数据为教育部门提供了重要的参考依据，对教育公平有着极其重要的影响，有助于实现教育资源的公平分配。在医疗领域，数据是医生诊断和治疗的重要依据，对于保障人民健康具有至关重要的作用，数据安全可以确保医疗数据的真实性和可靠性，提高医疗质量和安全水平。在交通领域，数据为交通管理部门提供了重要的决策依据，交通数据的真实性和可靠性有助于提高交通效率和安全性，保障人们的出行安全。因此，加强数据安全保障建设是推动社会进步的重要支撑。只有加强数据安全保障建设，才能为社会的教育、医疗、交通等领域提供可靠的数据支持，推动社会的进步

和发展。

四、加强数据安全保障建设是提升国际竞争力的重要手段

在全球化的背景下，数据的跨境流动已经成为各国之间交流和合作的重要手段。数据的利用和保护不仅关系到国家的形象和声誉，也直接影响到国家的国际竞争力和国际地位。

首先，在全球化时代，数据的泄露或被篡改可能会对国家的形象和声誉造成负面影响，使国家在国际社会中失去信任和支持。加强数据安全保障建设可以保护国家的数据安全，提升国家的形象和声誉，进而提高国际竞争力。其次，在国际竞争中，各国之间的信息交流和共享是不可避免的。然而，一些重要信息和商业机密可能会在国际交流中被泄露或被篡改，给国家带来巨大的经济损失和战略风险。加强数据安全保障建设可以有效地保护这些机密信息的安全，为国家在国际竞争中占据优势地位提供有力保障。最后，在全球化背景下，各国之间的合作和创新是推动国际发展的重要途径。加强数据安全保障建设可以为国家之间的合作和创新提供更加安全可靠的数据共享和流通渠道，促进各国之间的合作和创新，推动全球的进步和发展。因此，加强数据安全保障建设是提升国际竞争力的重要手段。只有加强数据安全保障建设，才能为国家的国际竞争力和国际地位提供强有力的支持。

综上，加强数据安全保障建设是当前亟待解决的重大问题，具有极其重要的理论和现实意义。应该从技术、管理、法律等多个层面加强数据安全保障建设，提高数据安全的保障水平，为国家的安全、经济的发展和社会的进步提供强有力的支持。

第二节　数据宝遵循和坚持的数据要素安全观

一、坚持"没有数据安全就没有数据要素市场化"的理念

数据要素市场化是指将数据作为商品或资源在市场中交易和共享，以创造价值和促进创新。数据宝坚持"没有数据安全就没有数据要素市场化"的理念，反映了数据安全在数据要素市场化过程中的重要性。数据宝认识到，数据要素的市场化离不开数据安全，因为数据是数据要素市场的核心资源。

首先，数据要素市场的核心在于数据的交易和共享。如果数据没有得到充分的保护，数据的价值将面临巨大风险。数据宝认为，只有确保数据的安全，数据要素市场才能充分释放数据的潜在价值。同时，数据要素市场需要建立信任，吸引更多的数据提供者和数据购买者。数据宝坚信，只有通过数据的充分安全保护，市场参与者才会建立信任，从而推动市场的健康发展。许多国家和地区都制定了数据保护法律和法规，要求数据的合法采集和处理。数据宝认为，确保数据的安全性是满足这些合规要求的前提。只有符合法规，数据要素市场才能合法运营。

其次，数字时代存在各种潜在威胁，如黑客攻击、数据泄露、勒索软件等。数据宝认为，只有通过数据的安全保护，市场参与者才能及早发现和应对这些威胁，保障市场的稳定性。

最后，随着数据要素市场的发展，数据交易将不断增加。数据宝坚信，数据安全是确保数据交易的安全和高效进行的基础。只有在数据得到充分保

护的前提下，市场才能顺畅运作。

基于以上原因，数据宝始终坚持"没有数据安全就没有数据要素市场化"的理念，体现了数据宝对数据安全重要性的深刻认识。这一理念也成为数据宝发展的指导原则，帮助其在数据要素市场中赢得了数据提供者和数据购买者的双重信任，推动了公司的快速发展。数据宝的实践证明了数据安全在数据要素市场化中的不可或缺性，为其他市场参与者树立了典范。

二、坚持"国有是数据安全的根本保障"的理念

数据宝坚信"国有是数据安全的根本保障"，这一理念使数据宝清晰地认识到国家在维护数据安全方面，特别是在数据要素市场化和数据资源的管理中的关键作用。

首先，数据是国家的重要资源，涉及国家主权和国家安全。只有国家能够确保对国内数据的主权和管理权，保障国家数据的安全和合规。数据国有确保了国家能够行使数据主权，制定数据政策，防止数据泄露和滥用。同时，国家拥有监管和法规制定的权力，可以制定数据保护法律和法规，加强对数据安全的监督和管理。国有机构能够设立专门的数据保护部门，制定相关政策，推动数据安全标准的制定和实施。

其次，国家拥有更多的资源和能力来投资于数据安全技术的研发和应用。国有机构可以在数据安全领域进行技术研究，推动创新，提高数据安全技术水平。在对数据安全危机的处理中，国有机构更容易建立紧急响应机制，迅速应对数据安全事件，减少潜在损害，确保数据安全。同时，数据安全问题通常涉及国际范围，需要国际合作和协调。国家拥有国际合作的主导权，能够参与国际数据安全合作，维护国家和全球数据安全。

最后，数据主体，包括个人和企业，需要确信数据的安全性，才能更愿

意参与数据要素市场。国家的存在和作用可以建立数据主体对数据安全的信任，推动数据要素市场的发展。

鉴于此，数据宝坚信"国有是数据安全的根本保障"，数据宝董事长还强调"数据主权就如同国家主权一样宝贵"，数据安全直接关乎国家安全。国有的存在和作用在数据安全方面不可替代，它确保了国家对国内数据的主权和管理权，促进了数据的安全性、合规性和隐私保护。

三、坚持数据"一可三不可"策略

数据宝坚持数据"一可三不可"（可用性、不可存储、不可占有、不可见）的策略，旨在数字化时代下最大限度保护敏感数据和隐私，同时保证数据在需要时可供使用。这一策略平衡了数据的可用性和隐私保护之间的关系，从而确保数据既能发挥其价值，又不会滋生潜在的风险和滥用。以下对这一策略的宗旨进行简要介绍：

数据可用性（Data Availability），是指确保数据在需要时可供使用，以满足业务需求、支持创新和提供价值。数据可用性是数据管理的基本原则，强调数据应该在需要时可供访问。这有助于企业更好地运作、满足客户需求、支持决策制定和推动创新。数据可用性宗旨鼓励数据被合理地共享和利用，以提高效率和竞争力。

数据不可存储（Data Non-Persistence），是指最小化数据的存储和保留，仅在必要时存储，并在不再需要时删除。数据不可存储宗旨强调数据的短期性存储，避免不必要的数据滞留。这有助于减少数据泄露和数据被滥用的风险，确保数据不会长期暴露于潜在的威胁之下。

数据不可占有（Data Non-Possession），是指尽量减少个人、企业或组织对数据的控制和占有,将数据管理权交还给数据所有者。数据不可占有宗旨强调数据管理责任的下放,将数据的主动权和控制权交还给数据的原始所有者。这有助于减少滥用数据的风险,同时提高数据所有者对其信息的控制感。

数据不可见(Data Invisibility),是指在数据传输和存储过程中,采用有效的加密和隐私保护措施,以确保数据的机密性和保密性。数据不可见宗旨着重于通过加密和隐私保护技术,确保数据在传输和存储过程中不会暴露于未经授权的访问。这有助于防止数据泄露和滥用,提高数据的安全性和隐私保护水平。

坚持数据"一可三不可"的策略宗旨是数据宝在数字时代下,保护敏感数据和隐私,同时确保数据在需要时可供使用。这一宗旨强调了数据的平衡利用和合理保护,以满足业务需求、降低风险、保护隐私和促进创新。在信息时代,数据安全和隐私保护至关重要,数据宝的这一策略提供了一种实践方法,以维护数据的完整性、机密性和可用性。

第三节 保障数据体系安全的实践路径

一、"四位一体"数据安全保障体系建设

数据宝一直以合法合规为其业务运营的基石,并遵循着《数据安全法》《网络安全法》和《个人信息保护法》等相关法规的要求,以确保数据的安全性、隐私保护和合规性。为了实现这一目标,数据宝构建了"四位一体"的全面安全保障体系,旨在确保数据的主体安全、运营安全、技术安全和资质安全(如图4-1所示)。

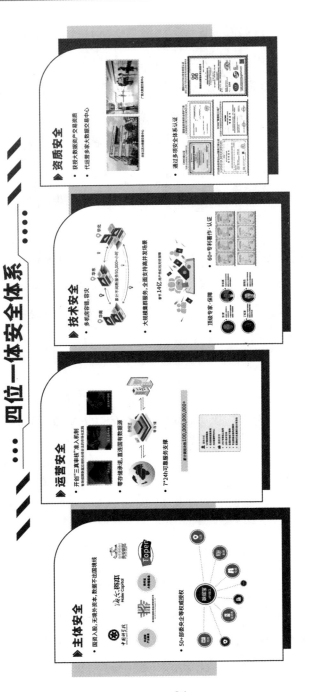

图4-1　数据宝"四位一体"数据安全保障体系建设

资料来源：数据宝公司。

数据宝坚持主体安全，通过引入国有资本入股，明确规定无外资和境外资本参与，确保国有数据不受外部势力的影响。强调运营安全，不采取爬取数据或存储数据的方式，而是采用"堡垒机"机制，用于强化对内部和外部用户的身份验证和访问控制，从而提高数据的安全性。注重技术安全，开创"三真"准入审核机制，以验证企业、应用场景和用户的真实性和合法性，构建四层数据安全防护体系，以确保数据在交互和处理过程中不受未经授权的访问和泄露，为数据的机密性和完整性提供了坚实的保障。保障资质安全，数据宝获得了大数据资产交易资质，并通过多项数据安全认证，这为公司的数据安全措施提供了法律和实际基础，为客户和合作伙伴提供了信心，确保数据在交易和处理过程中受到充分的保护和合规性。

数据宝通过其"四位一体"的数据安全保障体系，不仅在数据安全和合规性方面展现了其高度的专业性和责任感，还为国家和社会的数字生态环境提供了坚实的保障。这些措施不仅为公司的持续发展和创新提供了基础，还有助于维护国家数据资源的安全，促进数字经济的可持续发展。

二、主体安全的实现

数据宝坚持"国有资本入股，无外资境外资本参与"的原则，保证了数据的主体安全。数据宝采取了一系列措施确保国有资本对数据的控制，除了原始团队外，数据宝的其他六个股东都是纯国有资本背景的机构。

数据宝的国有合作模式体现了在当今数字时代数据安全和国家战略的紧密交织。持续投资进来的股东包括科创城产业基金、中国科学院中科创星（产业基金）、海尔资本（旗下政府引导基金）、贵州省贵安新区（产业基金）、鲲鹏基金、贵州省大数据基金等，形成了一个涵盖国有科研机构、央企、政府资金支持的多层次合作网络。这一股权结构确保国家在数据宝的经营和决策中具有显著影响力，进而保障了国有数据的主权和安全。

数据宝的国有合作并非简单的资本投入，而是战略合作。通过与 50 多个部委和央企的合作，数据宝成功获取了这些机构掌握的海量数据的使用权限，其中包括人口数据、车辆信息、企业数据、道路信息、环境数据、能源数据六大维度的数据。这些数据的规模总计可达上千 EB[①]，为数据宝提供了坚实的数据基础。

不仅如此，数据宝与国有数据资源方的合作已经实现了近 300 个实际应用场景的落地，涵盖了如人工智能、金融、保险、物流、汽车、互联网和政务等多个领域。这不仅展现了数据宝的数据多元化应用能力，也彰显了国有数据资源方对其在数据管理和安全方面的高度信任。

这种深度合作关系的构建不仅展现了数据宝在数据领域的专业能力，还为数据宝的可持续发展提供了稳固的基础。国家部委和央企将其数据资源交托于数据宝，明确了其对数据宝在数据管理、保障数据主权和数据安全方面的高度信任。这种信任关系的确立不仅有助于提升数据的安全性和可信度，还为数据宝的可持续发展提供了坚实基础。

总的来说，数据宝的国有合作模式为数字时代的数据安全、数据资源的合理共享，以及国家数据主权的保障提供了积极示范作用。

三、运营安全的实现

数据宝通过开创"三真"准入审核机制，构建数据"零存储"、直连国有数据源的承诺，以及 7×24 小时的服务支持，实现了数据运营的安全保障。

---

① EB，艾字节（exabytes），计算机存储容量单位，1EB＝1024PB＝2^{60} 字节。

"三真"准入审核机制是数据宝在数据应用中倡导的一项严格合规措施，其核心理念是确保数据的合法合规性，以保障数据市场的健康发展。该机制要求数据应用必须同时满足三个基本条件：真实企业、真实应用场景、真实用户授权。这三个条件构成了数据应用准入的基本门槛，任何一个条件的不满足都将使数据应用无法进入准入机制。真实企业要求数据应用的主体必须是合法注册的企业实体，具有法人资格。这一要求有助于防止非法机构或个人滥用数据资源，确保数据应用的合法性。真实应用场景要求数据应用必须有明确的、合法的使用场景。这有助于明确数据的用途，防止数据被滥用或用于不当用途，从而维护数据的合规性。真实用户授权要求数据应用必须获得用户的真实授权，确保数据的使用是基于用户的明确同意。这一要求有助于保护用户的隐私权，防止未经授权的数据访问。

在与外部数据源合作时，数据宝承诺数据"零存储"，绝不将数据储存在自己的服务器上，而是根据需要仅对数据进行必要的加工和处理，通过轻量级联邦学习技术体系，利用数据水印和多方隐私技术，达到数据可用不可见，数据不出库，权属不转移，以确保提供准确、高效的数据产品。这一原则有助于降低数据泄露的风险，保护数据的安全性和隐私性。

数据宝提供7×24小时的可靠服务支持，为客户提供广泛的服务和技术支持。通过一对一专家线上指导、多元化技术支持、遍布全国的线下服务、专业数据合规风控顾问，以及定期的行业直播交流分享活动，实现了全方位的服务支持。

综上，数据宝的"三真"准入审核机制以及"零存储"原则体现了其在数据应用的合法合规性和数据安全性。这些措施既保障了数据市场的健康发展，又能较好地保障数据的安全和保护数据的隐私。

四、技术安全的实现

数据宝通过多机房容错、容灾，大规模集群服务，全面支持高并发场景，强化同高校、科研机构等方面专家的引进和合作，积极研发专利性数据产品等手段，实现了数据宝在技术方面的保障。

数据宝在数据安全方面不仅具备强大的硬件设施，还在多个领域拥有卓越的技术能力，以确保数据的稳定性和安全性。数据宝在机房建设上进行了精心布局，拥有位于华南、华东和华北的三个机房，为数据的多地容错和容灾提供了强有力的支持。这意味着即使在某一地区发生故障或灾害，其他机房仍然可以提供不间断的服务。累计超过 50000 小时的不间断服务经验表明，数据宝在机房运营和数据存储方面具备高度的可靠性。

数据宝的技术支持和高并发处理能力令人瞩目。举例而言，数据宝公司成功为某头部短视频平台春节期间数亿用户抢红包提供了稳定的服务。这种高并发场景要求系统能够同时处理大规模的用户请求，而数据宝表现出色，保障了用户体验。这一成就不仅彰显了数据宝在技术领域的实力，还证明了其对大规模数据处理的出色适应性。

数据宝注重引进和合作领域专家，确保其产品在技术和安全方面保持领先地位。数据宝引入了众多领域内专家，建立了八大技术研发中心，大数据领域专家、知名科学家领衔 100 多人的博士、硕士团队进行核心技术创新应用，实现数据要素服务闭环。同时，数据宝还与国内多所重点院校建立了合作机制，开展联合研究和实施，以推动数据安全和技术的不断发展。这一学术合作框架也为数据宝的创新提供了重要支持。

在知识产权方面，数据宝已经取得和发表了 60 多项核心专利、论文和软著,这些知识产权的积累为数据安全领域的进一步研究和发展提供了坚实的基础。数据宝的技术实力、专家合作和知识产权成果汇聚为其数据安全保障提供了坚实的支持。

总的来说,数据宝在数据安全领域的硬件设施、技术实力、专家合作和知识产权积累展现出强大的学术性和技术实力,为数据的稳定和安全提供了坚实的技术保障。

五、资质安全的实现

数据宝较早获得大数据资产的交易资质,代运营多家省级大数据交易中心,并通过了多项安全体系认证,为公司在数据安全保障建设中提供了坚实的法律和实际基础。这一系列资质和认证不仅彰显了数据宝的专业性和可信度,还表明其在数据资产交易和数据安全方面具备了高度的合规性和标准化管理。

数据宝获得大数据资产的交易资质,这使其成为多家大数据交易中心的代运营方,主要包括华东江苏大数据交易中心、数字广西旗下大数据交易平台等多个地区的交易中心。这些资质授予了数据宝在大数据资产买卖和交易方面的法律地位和操作权限。数据宝的积极参与和代运营经验为其在数据资产交易领域的专业知识提供了坚实基础,确保了数据的安全性和合规性。

数据宝还通过一系列重要的安全体系认证,展示了其在数据安全领域的高标准和可靠性。这些认证包括 CMMI 成熟度三级认证、国家信息系统安全等级保护三级认证、信息技术服务标准(ITSS)云服务(SaaS 云)三级认证、DCMM 数据管理能力成熟度三级等级认证,以及国标 ISO27001 安全体系认证。这些认证为数据宝的数据安全体系提供了法律依据,同时表明公司已采取必要的技术和管理措施,以确保数据的安全性和合规性。这些认证强化了数据宝在数据安全领域的专业能力,确保数据资产的安全和合法性。

数据宝的资质和认证构成了其在数据安全保障建设中的坚实法律和实际基础。

综上所述,数据宝的数据安全战略集成了主体安全、运营安全、技术安全和资质安全的关键要素,这种综合性保障体系为公司的发展提供了坚实的支持,同时也有助于国家数据资源的安全维护。数据宝的经验和实践成为数字时代数据安全的重要案例,也展示了多重要素整合在数据安全战略中的重要性。这种综合性数据安全措施体现了企业在数字时代的数据安全之道,对于维护国家和社会的数字生态环境具有积极意义。

第五章

"数据宝模式" 的典型应用

　　基于"四化建设"模式，结合实施"四位一体"安全保障体系，数据宝初步打通了数据要素市场化的全流程，形成了"数据宝模式"。在链接数据，服务客户的过程中，数据宝开创"三真"准入审核机制——真实企业、真实应用场景和真实用户授权，担当数据安全的审核员；主打国有数据增值服务和国有数据运营服务，做好国有数据价值化的服务员；同时，以"三真"准入审核机制对使用数据宝产品的企业及机构进行持续监督，严控国有数据流通风险，确保国有数据使用的全过程合法、合规、安全，履职国有数据安全的监督员。在确保数据安全的背景下，数据宝为我国区域数据要素市场交易建设、交通物流数据要素市场化、数据要素市场化赋能金融降风险保安全、数据要素市场化赋能实体产业高质量发展、互联网产业数据要素市场化和数字政务提供了众多应用案例。

第一节　区域数据要素交易市场建设

截至目前，数据要素交易仍旧是我国构建数据要素市场最难攻克的问题。尽管目前我国已经陆续建设了近 50 家数据交易中心（所），数据交易在整体上也取得了一定的进展，但整体上还处于探索阶段，数据交易仍面临标的物是什么、要素市场角色不清、缺乏基础规则等问题[①]。数据宝围绕自身的核心业务——国有数据代运营经营多年，在数据要素交易方面积累了大量经验。2018 年，数据宝受邀战略入股华东江苏大数据交易中心并成为其运营方，数据宝董事长汤寒林兼任华东江苏大数据交易中心总经理；2020 年，数据宝成功中标广西经济社会云大数据交易中心项目，目前还有多个类似项目正在积极推进中。

一、华东江苏大数据交易中心

（一）华东江苏大数据交易中心概况

华东江苏大数据交易中心是在实施"国家大数据战略"的大背景下，于 2015 年经国家批准，在江苏省人民政府的支持下，成立的华东地区首个省级大数据交易中心，是中国最早成立的数据交易场所之一。作为省级官方交易平台，注册资本 3000 万元，总部位于江苏省盐城市盐南新区大数据产业园，

---

① 向定杰：《数据交易所轮番"上新"释放数据价值》，《经济参考报》2023 年 5 月 18 日第 5 版。

同时在上海设有办事处，总办公面积超过 3000 平方米，团队总人数超过 120 人（含兼职）。

数据宝深度参与华东江苏大数据交易中心建设与运营，基于数据宝搭建的云旗大数据交易平台，数据宝结合"数商、行业生态联盟、特色城市大数据中心"，聚焦特色垂直产业，回归数据交易本质，以场景促应用，以服务促交易，以生态促创新。数据宝帮助数据供需双方破除交易障碍，推动数据要素交易及数据应用落地，完成数据价值的激活与释放，建立省级特色数据要素交易平台及数据要素流通市场。目前，华东江苏大数据交易中心已经持续活跃在数据要素交易市场一线八年，系全国最早开展"数商生态"运营实践的数据交易场所；也是全国首个提出"以场景促应用，以服务促交易，以生态促创新"运营思路；首个提出"交易数据产品而非原始数据"交易原则，明确界定交易标的准入标准；首个提出"数据交易零存储"交易原则，明确界定数据交易场所的数据安全红线；首个同时具备场外交易撮合+场内在线交易能力的数据交易场所。同时，华东江苏大数据交易中心也是行业首个建立数据交易"三真交易标准"——真实企业、真实应用场景和真实用户授权的安全防控体系，坚持无场景不交易。目前，华东江苏大数据交易中心已经辐射众多大、中、小企业，其中付费会员近 500 家，辐射生态企业超过 5000 家，涉及的从业人员超过百万。华东江苏大数据交易中心立足江苏，辐射华东，服务全国，力求建设成为国内首个"特色行业+区域性"的标杆数据交易场所。

（二）华东江苏大数据交易中心运行模式

数据流通分为三个阶段：第一阶段，完成原始数据的采集、清洗、加工、资产评估和确权登记，这个过程由数据资源的实际持有者完成。第二阶段，数据由数据的持有者流向交易中心，在"交易数据产品而非原始数据"的原则下，华东江苏大数据交易中心同时扮演数据经纪商的角色，负责验证数据资源的合规性审查并挖掘数据资源的价值，把数据资源加工成数据产品，然后便将加工好的数据产品挂牌上市，寻找合规的数据需求者并完成撮合交易。第三阶段，由华东江苏大数据交易中心构建智能合约完成数据交易的清算工作，购买数据的需求者将数据产品投入实际场景应用（如图 5-1 所示）。华东江苏大数据交易中心的数据交易模式契合"数据二十条"数据资源持有权、数据加工使用权和数据产品经营权的"三权分置原则"，交易中心完成对数据资源持有权的合规性审核，数据资源持有权主体在交易中心履行数据的加工使用权和数据产品经营权，有效避开了因数据产权对数据交易带来的阻碍，保证了数据的安全流通。

在整个数据交易过程中，华东江苏大数据交易中心充当了一个多边数据交易平台角色（如图 5-2 所示）。对于任何一个多边平台来说，"冷启动"问题，即"先有鸡还是先有蛋"的问题始终是平台能否顺利启动运行绕不开的问题，因为一边的存在依赖于另一边的交叉网络外部性。例如，京东商城先依靠自营吸引消费者，然后依靠消费者吸引第三方商家的入驻；滴滴打车先借助出租车的力量培养乘客的打车习惯，然后依靠乘客群体吸引私家车入驻。华东数据交易中心也不例外。在创建之初，在数据宝的支持下，华东江苏大数据交易中心联合多家单位构建行业生态联盟，用于资源共享。在行业联盟的吸引下，越来越多的数据供方和数据需方选择付费购买华东江苏大数据交易中心的会员服务。据此，华东江苏大数据交易中心完成了多边数据交易平台的"冷启动"问题。

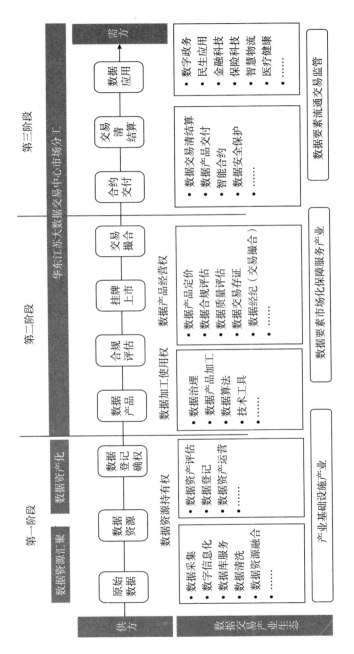

图5-1 数据运营和流通服务产业及市场分工

资料来源：数据宝公司。

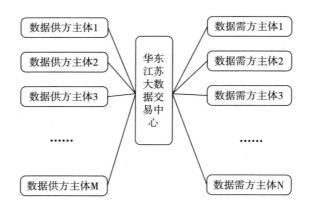

图 5-2　华东江苏大数据交易中心平台结构

资料来源：作者绘制。

二、壮美广西·经济社会云大数据交易中心[①]

在华东江苏大数据交易中心成功运行的基础上，数据宝顺势搭建并运营壮美广西·经济社会云大数据交易中心，积极培育广西数据要素市场与数字经济，首年数据交易额即达数千万元。数据宝协助壮美广西·经济社会云大数据交易中心制定广西数据资产标准及目录，并将国家部委、企业事业单位的数据与广西数据融合，进行特色产品打造。数据宝为交易中心重新组建代运营团队、制定代运营规章制度、代运营服务流程、相关数据产品全生命周期生产流程及上百种行业数据解决方案与培训。

数据宝此次承建的壮美广西·经济社会云大数据交易中心是国内首个通过鲲鹏适配性认证的大数据交易平台，平台自研的资源预警引擎技术、API

---

① 　资料来源：《10. 壮美广西·经济社会云——云上广西网络科技有限公司》，http：//dsjfzj. gxzf. gov. cn/jczt/lszt/szgxjscgzs/d2p_szgxjscgzt/zfglsdrh/t11037607. shtml，2021 年 12 月 27 日。

数据接口引擎技术、基于 Akka 框架和 Actor 模型的微服务架构高并发订单处理技术等，实现了平台的高承载和高稳定性，能够承载 10 万 TPS 的高数据请求并发量，满足用户的规模化数据调用需求，并保证数据调用的高效性。同时，壮美广西·经济社会云大数据交易中心高分通过国家网络安全等级测评安全保护等级第三级（S3A3G3）要求，保障平台持续稳定运行。

截至 2023 年 9 月，壮美广西·经济社会云大数据交易中心整合了包括公安部在内的近 50 家部委和企事业单位的数据资源，其中多种独家及类独家数据资源，可使用数据量级上千 EB，基本覆盖市场主流数据需求，并先后支持银行、保险、证券多家企业实际业务上千万次数据电子认证，形成数据产品近 700 项，调用数据 5.1 亿次的扎实的市场应用落地。

壮美广西·经济社会云项目围绕政务、经济、社会大数据开发和应用，以数据交易为核心，打通和链接各领域，促进经济社会数据流通，为数据所有者提供大数据变现的渠道，为数据使用者提供丰富的数据来源和数据应用，实现政务、经济、社会数据的"聚通用"，孵化大数据应用产业发展。该项目以数据交易为手段，服务于经济社会产业发展，数据宝基于数据资源优势助力大数据交易中心项目连通到政务、交通、气象等权威合法国有数据资源方，数据涵盖数百种行业，基本覆盖市场主流数据需求，通过云资源、经济数字、社会数据的"聚通用"，实现数据价值评估、数据资源变现等能力，助推政务、经济、社会大数据开发和应用，形成广西最大的大数据交易中心，助力走出一条"广西模式"的数字经济发展路径。

壮美广西·经济社会云大数据交易中心以"1123"为核心架构，构建"1 云池、1 平台、2 中心、3 体系"的经济社会云基础平台，主要包括建设一套"专有云资源池"提供企业上云的应用和服务；开发一套"多云服务管理系统"实现对各类公有云的统一管理，构建多云模式云生态；打造一个

"信息共享开放平台"，以可信数据交换技术为核心，实现安全高效的数据交换和业务协同；构建一套"大数据处理中心"提供数据清洗、加工、脱敏支撑服务，提供数据资产评估能力；推进数据交易落地，提供安全可靠的数据交易和产品撮合能力（如图5-3所示）。

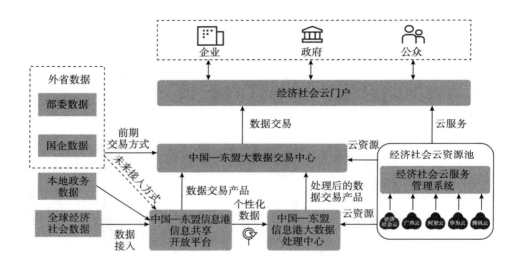

图5-3　壮美广西·经济社会云大数据交易中心运行逻辑

壮美广西·经济社会云大数据交易中心建成后，一是通过构建多云模式云生态，进一步促进桂企上云；二是提供数据产品共享、交易、增值平台，明确数据确权、数据定价、数据交易三要素边界，促进数据交易市场规范化管理；三是平台打通和链接各领域数据应用，实现数据的"聚通用"，持续释放数据红利，带动地区信息产业及相关产业的发展；四是通过数据带动应用、数据带动服务、数据带动交流，激发万众创新，以大数据服务为核心推动数字广西社会和经济蓬勃发展。

目前壮美广西·经济社会云大数据交易中心已经全面向社会提供云计算

和大数据服务，已服务的客户群体有政府、运营商、银行、证券、互联网公司等，后续云上广西网络科技有限公司将继续秉承客户至上的宗旨，为广西、全国乃至东盟各国提供丰富多样的云和大数据产品应用服务，构建具有广西特色的大数据生态圈。

第二节　通行数据要素市场化

　　根据交通运输部的数据，截至 2022 年底，我国公路总里程 535 万公里左右，其中高速公路 17.7 万公里①。目前，从运输服务来看，2022 年，公路货物运输量为 371.19 亿吨，占当年国内货物运输总量的 73.27%，全年高速公路车流量 95.32 亿辆，公路运输依靠其相对完备的路网体系及灵活便捷的承运属性，运输量在中国交通运输体系中仍占据主导地位②。在这个现实背景下，促进通行数据要素市场化，多数据融合及通行垂类数据价值挖掘刻不容缓。数据宝在这方面走在市场前列。数据宝凭借技术和商业模式的优势在市场竞争中获胜，通过与交通部下属相关单位合作，深度挖掘通行数据价值，为解决货运车辆保险覆盖率低、保险资金监管难、高速公路建管养护方式传统等行业痛点，提供了多个针对性数字化解决方案，也涌现了一批优秀案例。

---

　　①　《交通运输部：我国高速公路里程达 17.7 公里》，https：//news. cnr. cn/dj/20230223/t20230223_526162725. shtml，2023 年 2 月 23 日。

　　②　联合资信公用评级四部：《2023 年收费公路行业分析》，https：//www. lhratings. com/file/f583fa95247. pdf。

一、全国高速路网车流监测分析及应用方案

(一) 传统道路车流检车方式及优缺点

截至 2021 年底，全国汽车保有量达 3.02 亿辆，增长 8.16%。数量庞大且日益递增的车辆及出行，必定会给道路带来诸如交通拥堵、停车、加油／充电困难等一系列问题。特别是随着时间和空间的变化，车流受到道路、车辆、驾驶员、行人、气象及其他干扰因素的影响，表现出比较强的随机性和不确定性。具体来看：第一，随机性。随机性指的是交通流随时间随机变化的特性，由于道路上的车辆选择的行驶路径不同以及外界干扰因素对车辆行驶状态的影响等，不同路段的交通流随时变化，表现出强烈的随机性。第二，周期性。由于工作日和非工作日的周期性，人们的驾驶出行也表现出一定的规律性，体现在车流上，即一定周期内同一路段的车流表现出周期出现的畅通、拥挤等现象，而同一路段每间隔一定周期，车流状态呈现一定的重复性。第三，时空特性。在车流中，前一时刻的车流会对下一时刻的车流产生影响，即现在和未来的交通状态受历史交通状态影响，并且车流时间序列变化趋势与历史时间序列趋势呈正相关。相邻路段的车流之间也相互影响，下游车辆变化趋势与上游车辆变化趋势也呈正相关。第四，网状特性。交通路网纵横交错，城市与城市之间、城市内的主要区域通过主干道相互连通，更小的区域通过辅道连接至主干道，而出行者根据出行经验或导航系统选择行驶路径，使得整个交通路网就像一张相互交错的网络。因此，有效监测道路车流，并据此进行道路车流治理至关重要。

从道路车流监测数据的获取角度来看，目前采用主要的技术及方式包括人工统计监测、视频／图像+人工智能检测、机关雷达／超声波检测、路面电磁线圈检测、红外线检测、无人机、卫星遥感、GPS 设备等，这些检测技

术/方式在效果上各有长短（如表 5-1 所示）。

表 5-1 道路车流检测技术/方式的优缺点

监测技术/方式	优点	缺点
人工监测	不需要采用外部设备，灵活方便	人力成本高，监测效率低，数据准确率较低，适合少量路段抽样估算
视频/图像	可提供可视化图形，并可与 AI 图像识别技术进行结合	数据体量大，处理难度大，结构化程度较低，数据准确性易受环境影响
激光雷达/超声波	体积小、寿命长、可移动	精度受环境影响，需要额外安装设备，成本高
微波	在恶劣天气下性能比较出色	道路有铁制分隔带时，精度下降，需要额外安装设备，成本高
地面感应线圈	技术成熟，易安装，计数较精准	修理困难，易损坏，需要额外安装设备，成本高
红外线	可监测多车道及静止车辆	精度受环境影响，需要额外安装设备，成本高
声学	根据车辆的声学特征识别车辆	精度受背景噪声影响，需要额外安装设备，成本高
GPS 移动设备	数据连续性强，可全天候工作	车辆需安装 GPS 设备，易受电磁干扰
RFID	检测数据连续性强，全天候工作，可提供自动收费功能	车辆需安装或携带 RFID，计算复杂程度高
卫星遥感	覆盖区域广，可全天候工作	精度受环境影响，以静态图片数据为主
无人机	可携带多个监测装置，数据丰富性较高，灵活方便	需要使用无人飞行器，精度受飞行器性能及环境影响，工作时间短
国有高速大数据	覆盖范围广，基于全国高速交通基础设施统一采集数据，全天候工作，数据真实、权威、精度不受环境影响	仅覆盖高速路段，非高速路段无法覆盖

资料来源：数据宝公司。

（二）数据宝根据全国车辆通行大数据构建高速车流量监测平台

数据宝根据全国通行大数据的性质构建了一套完整的全国通行大数据治理生命周期流程，包括数据归集层、数据治理层、数据资产层、分析建模层和数据应用层。其中，数据归集层需要完成高速数据上报、数据上报质量检测、数据存储、数据抽样及推送和数据保护；数据治理层包括数据清洗、指标计算、数据标签和数据安全保护；数据资产层主要负责数据库的构建和维护，包括原始库、中间库、标准库和指标库；分析建模层则是对高速大数据进行分析建模，包括数据分析平台、模型算法平台和联邦学习平台；数据应用层包括数据应用统计中枢平台、数据可视化平台和数据交易合规体系。在此基础上，数据宝构建了高速车流量监测平台用于数据展示、数据分析、监测预警（如图 5-4 所示）。

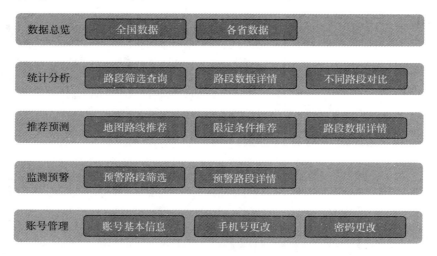

图 5-4　道路车流量监测平台功能架构

资料来源：数据宝公司。

（三）全国高速网车流监测数据典型应用

1. 某省高速可视化

利用交通部门提供的数据，数据宝公司以先进的技术手段，实现了对某省境内整个高速路网的实时动态监测与展示。这一创新性的数据处理和呈现方法允许该省交通管理部门随时访问数字大屏，以全面了解高速路网的运行情况。这种监控系统具备多功能性，包括但不限于对高速路网的跟踪、统计和分析，以全面评估全省范围内高速路网的性能。

特别值得注意的是，该数字大屏监控系统在高速路网发生突发事件时具备强大的响应能力。一旦出现交通事故或其他紧急情况，监控人员能够立即调取实时现场画面，借助大数据分析，迅速制定并提供道路运行的应急管理方案。这不仅有助于加速紧急情况的响应，还有助于最大限度地减少潜在的交通问题和道路安全风险。

利用交通部门的数据，并通过数字大屏展示，该省交通管理部门得以实现对高速路网的全面监控、数据分析、紧急管理，从而提高了道路交通系统的效率和安全性，为该省交通领域的决策制定和危机管理提供了有力的支持。这一学术案例展示了如何应用现代技术来改进交通管理和应急响应机制，为相关领域的研究和实践提供了有价值的经验。

2. 城市高速道路规划

道路网规划是城市综合交通规划的重要组成部分，其目的是建成以快速路、主干路为主骨架，次干路、支路为补充，功能完善、快捷、方便，等级合理，具有相当容量的城市道路系统，以满足道路交通需求。道路网规划设计是以运输联系为依据，首先绘出各段客货运量及交通量图，其次依工程及运营经济的原则结合地形地物拟定道路的布局，经反复研究后确定。基于全国高速路网通行的车流数据，可以为各省城市高速道路勘察、规划和设计单位提供各高速路段高速车流量及货运量数据，为城市各路段高速路段科学合理的规划、设计及现有道路的优化提供数据支持。基于此，数据宝为华东某公路勘察设计研究院提供了道路检测设计方案，用于检测华东某地城市内高速的运行情况。除此之外，还包括城市高速道路负责及道路养护监测、高速道路应急救援辅助决策、城市/景区自驾游车流监测分析等。

二、满帮集团"人—车—企"全流程数据辅证服务

数据宝为交通物流领域提供单一接口和多接口融合定制化产品支持。围绕"人—车—企"三个维度提供全流程辅证服务。具体来看：人的层面，数据宝利用公安大数据、金融大数据和运营商大数据实施人员的网络身份验证；车的层面，数据宝基于车辆大数据、ETC 大数据对车辆基础档案、车辆物理属性和车辆许可证件进行验证，并在此基础上实现对车辆高速公路行驶动态评估、车辆高速公路支付行为动态评估和车辆道路行驶违章状态动态评估；企业层面，数据宝利用工商大数据对企业的入驻审核、风险防控、企业经营状态和企业的运力进行详细评估。

由江苏运满满、贵阳货车帮两家公司合并组成的满帮集团是国内首屈一指的互联网货运信息发布平台。满帮集团建立了中国首个覆盖全国的货源信息网，并为平台货车提供综合服务，致力于做中国公路物流的基础设施。在整个业务范围内中，满帮平台上用户的信息审核、用户的信用资质评估、货车司机驾驶行为风险评估至关重要。针对这些问题，数据宝为满帮集团定制了具体的解决方案（如图 5-5 所示）。

（一）平台基础认证可信合作

网络货运平台普遍存在一个困扰，即人员流动性极高，满帮集团也不例外。由于司机可同时在多个平台注册，因此在初期准入过程中，审核的时效和成本显著增加。人工核验司机证件、货源资质以及相应资质与货物的匹配效率低，容易受到假证、PS 等欺骗行为的影响，导致未经认证的司机进入平台，或匹配与其运输资质不符合的货物，从而产生潜在运输风险。

为解决这一问题，数据宝提供了一项解决方案：通过数据宝的数据服务实施全面认证，以建立可信赖的系统。数据宝采用身份认证、企业资信核

01 全流程数据辅证

平台流动性大，审核复杂，人力成本高

> 数据宝解决方案
> **全维验证，建立可信系统**
> 通过身份认证类、企业资信核验类、从业资质核验类接口、车辆信息核验类接口，围绕"人—车—企"三大维度共建物流可信系统

02 借贷依据不足

平台上缺乏中小型物流企业信任体系，银行无法评估其运营风险，融资难，无法满足长期发展需求

> 数据宝解决方案
> **全维数据，物流生态赋能增值**
> 针对物流企业融资难的痛点，结合交通大数据为满帮建立征信模型，对平台上中小型物流企业进行风险评估，并为其量身定制金融产品，缓解其运营压力

03 同质化服务

平台缺少有竞争力的服务和产品仅靠开票，平台流量难以变现，需要开拓更多的盈利点

> 数据宝解决方案
> **多元业务提黏性，价值共创**
> 满帮集团基于数据宝的多源合规数据，为平台上的司机用户推出如"货损险""返程空驶险"等车险及非车险的保险增值服务。在提升用户满意度、增强用户黏性的同时，为满帮带来更多的收益

图 5-5　数据宝为满帮集团提供的解决方案

资料来源：数据宝公司。

验、从业资质核验和车辆信息核验等接口，围绕"人—车—企"三个维度共同构建物流可信系统。通过运用运政数据和先进的 OER 技术，数据宝对司机证件照片上的信息进行自动采集和核验（如图 5-6 所示），降低了人工成本，有效消除了信息欺诈的可能性。从目前的实际应用情况来看，数据宝的 OCR 识别率达到了 99.999% 的正确率，而运政大数据验证的正确率更是达到了 100%。

这一举措将原本需要一天才能完成的审核过程转变为实时审核，实现了平台的快速入驻，提升了司机在平台上的体验。同时，数据宝的产品成功降低了人工审核的错误率，还节省了人力成本——原本每天需要 2 人的人力成本支出已降为零。目前，该产品已经用于包括道路运输资格证核验类数据产品和车辆配置数据的验证。

（二）共创金融盈利新支点合作

网络货运平台在数量上呈现爆发式增长，其中中小型物流企业缺乏信任体系，使得银行难以对其运营进行风险评估，进而融资困难，无法满足其长

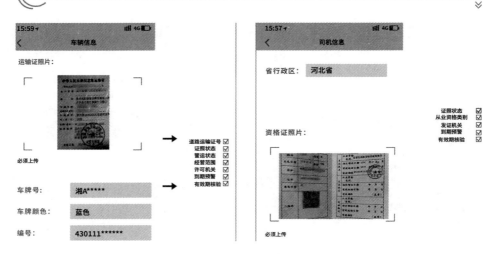

图 5-6 道路运输资格证核验

资料来源：数据宝公司。

期发展需求。根据国家统计局的数据，2021 年全国社会物流总额 335.2 万亿元，其中公路货运量占整体货运量的 70% 以上。公路营运载货汽车数量超过 1400 万辆，成为物流的主要推动力。然而，在全国范围内，公路物流企业数量超过 450 万户，平均每户仅拥有 3.5 辆货车，而排名前 20 企业的市场份额不到 2%。这导致公路物流呈现小型、分散、无序、薄弱的局面，物流效率低下、成本高昂、盈利差异是中国道路运输企业当前面临的普遍问题。虽然物流贷款融资需求每年超过 4 万亿元，但传统金融机构只能满足不到 10% 的需求。

针对市场需求，对货运平台存在的缺钱、缺货状况，数据宝与满帮展开了物流金融产品的合作。物流金融市场规模庞大，涉及不同的细分领域和需求主体，为金融机构业务的开展提供了机遇，同时也带来了挑战。其最大的挑战之一是信息不对称，这些信贷需求主体大多为中小微企业或个人，除大型物流企业外，它们通常缺乏规范的财务报表、业务数据和系统数据。有些申请主体甚至缺乏人行征信记录，信息不完整导致金融机构无法进行全流程的风险管理，从而使得金融机构想贷却不敢贷。问题的具体表现如图 5-7 所示。

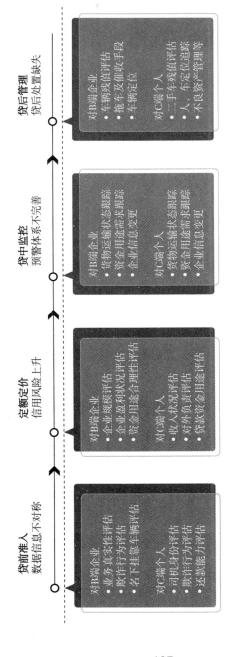

图 5-7 物流金融问题表现

资料来源：数据宝公司。

传统物流金融主要仰赖人工判断进行授信和贷款,因而其通过率极低且坏账率高。深入研究后发现,在运输业务中,司机承担了大量过路费、油费等资金压力。为缓解司机的资金压力,满帮集团采用 ETC 白条的方式。最初,满帮集团依赖内部数据,导致较高的坏账率和有限的信贷额度。数据宝在充分分析市场状况后,与满帮集团展开创新金融共创,针对物流企业的融资难题,结合交通大数据为满帮集团建立征信模型,对平台上的中小型物流企业进行风险评估,并量身定制金融产品,以缓解其运营压力。通过权威的国有通行大数据,对司机的数据、车辆数据和运力数据等进行更全面的评估和分析,补充了满帮集团的数据维度。这些数据与满帮集团自有数据融合,从而建立了司机运力评估的风险控制模型(如图 5-8 所示),用于物流车司机物流信用贷金融风控反欺诈。

(三)拓展保险合作领域

物流平台服务呈现同质化特征,缺乏具有竞争力的服务和产品,主要依赖开票,难以有效变现平台流量,因此需要拓展更多盈利点。随着数据宝与满帮集团的深入合作,多次深入讨论后发现,满帮集团的配货能力是其核心优势,然而,在某些情况下司机返程时存在空车现象,导致油费、通行过路费等收入损失。鉴于满帮集团具备保险板块资质,双方决定在保险领域展开合作。数据宝可用的通行公路数据,已覆盖全国逾 16.2 万公里通行网络(除海南、西藏以及港澳台地区),1.2 万个通行出入口站点及 4 万多个 ETC门架数据,其中包括逾 2.35 亿辆客车和超过 3292 万辆货车的通行数据。因此,通过多次深入磋商,双方确立了基于数据宝权威国有交通数据与满帮集团订单数据相融合的返程空载险方案——通行返程空载险。这一方案通过创新性保险形式,旨在帮助司机减少空车返程的损失。核验过程包括:第一,核

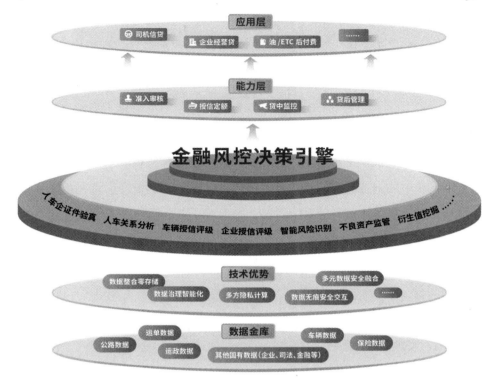

图 5-8 数据宝为满帮集团创建的风险控制模型

资料来源：数据宝公司。

验车辆是否实际进行通行行程；第二，数据宝交通数据和满帮订单数据融合建模，分析车辆是否为返程车辆；第三，基于数据宝国有交通地磅数据进行评估，验证车辆是否空载，以防止欺诈事件。通过该产品，满帮集团至少可以获得以下效益：一是推出创新型保险产品；二是非车险业务板块直接增长，每年贡献数亿元的保费额度；三是以保险方式保护了司机返程的利益，减少了返程的损失，为平台新增了近30%的司机入驻量；四是减少了保险欺诈。

第三节　数据要素市场化在金融保险业的应用

众所周知，信息不对称现象是金融风险产生的重要根源之一，信息拥有者会利用信息不对称的优势从信息不足的一方获得套利机会。这一现象在金融领域中表现尤为突出，尤其在保险行业。例如，在保险领域，高风险个体相较于低风险个体更倾向于购买保险产品，这导致了不对称的信息流动。数据宝运用大数据技术为解决这一问题提供了降低风险和确保安全的解决方案，为保险领域的风险管理提供了一个典型案例。

一、大地保险精细化风险防控

车险综改自 2020 年 9 月 19 日在全国落地实施以来，截至 2021 年末，消费者车均保费为 2761 元，较改革前大幅下降 21%，87% 的消费者保费支出下降[①]。车险业务是财险公司保费收入和承保利润的基本盘，2021 年，车险业务实现保费收入 7773 亿元，贡献占比达 56.8%[②]。因此，消费者保费支出下降意味着保险公司的保费收入缩减。

中国大地财产保险股份有限公司（以下简称"大地保险"）是一家全国性财产保险公司，位列 2020 中国企业 500 强榜单。大地保险同其他保险

---

① 《车险综改降费让利超 2500 亿元　消费者车均保费较改革前下降 21%》，http：//www. news. cn/fortune/2022-03/18/c_1128481109. htm，2022 年 3 月 18 日。

② 东吴证券：《车险综改回顾与展望：阶段改革目标达成，龙头乘风彰显底蕴》，https：//pdf. dfcfw. com/pdf/H3_AP202207041575799622_1. pdf？1657007573000. pdf，2022 年 7 月 4 日。

公司一样，面向车主提供汽车保险。但传统车险的定价体系通常采用车辆类型、吨位等静态数据组成的定价模型，缺乏车辆运行路线、司机驾驶行为等动态数据，无法准确判断货车的事故风险。

2022 年，物流运输迅速复苏，但行业的赔付率明显上升，企业面临经营压力。为缓解此压力，大地保险采取了大规模的高风险业务截尾政策，导致货车保险市场份额不断缩减，公司生存难度进一步加剧。货车相较于私家车而言存在较高的风险，传统的定价因子通常包括仓栅式或厢式货车、无事故折扣（NCD）、吨位数、动力类型等，有些甚至没有定价模型。业务筛选主要基于传统维度进行截尾处理，采用静态因子建模或较为粗略的方式进行业务筛选，这不可避免地导致误伤优质业务和高风险业务的漏网情况。

当时，大地保险面临双重困扰：一方面，持续高赔付率导致业务门槛不断提高；另一方面，整体业务量未达标，因此考虑放宽保险范围。然而，由于物流企业形态各异，保险逆选择现象普遍存在，保险公司的风险监控能力不足，现有的业务模式难以控制赔付；物流公司与保险公司的数据不互通，信息不对称，货物价值的信息缺失导致无法科学评估运输风险，从而产生保障与风险不对等的问题。此外，货运险等物流保险业务具有点多面广、单均保费较低的特点，展业难度高，成本上升，即便了解低风险业务的特征，也难以获得足够规模，面临困境。

在深入了解业务状况后，数据宝以全面的通行数据为基础，结合司法数据、大案数据、环境数据、公安数据等构建了数据因子库，并利用全行业的理赔数据，把影响货车运行安全的车身结构、核定载货量、整备质量、车辆、新车购置价等静态因子和货车运行里程、运行路线、运行时间、运行速度、活动范围、其他货车特有的因素等动态因子纳入分析框架，建立了纯动态和静动态两套风险评分模型，实现"车辆风险相关动态数据+静态数据"

的深度融合，并采用领先的机器学习技术对营运和非营运货车进行风险筛选和准确评估（如图 5-9 所示）。通过数据宝货车模型，保险公司只要输入车牌号、吨位数和营业性质的相关数据就可以输出纯动态货车运行安全评分；输入车牌号、营业性质、整备质量、核定载货量、初登日期、价格、车身结构等信息就可输出静动态模型评分用于保费计算（如图 5-10 所示）。

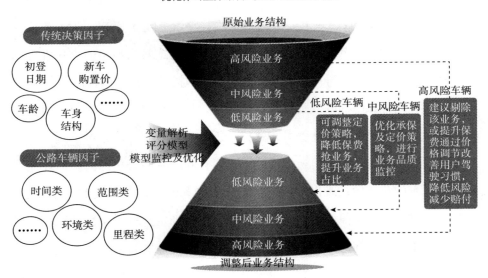

图 5-9　大地保险业务调整前后

资料来源：数据宝公司。

数据宝的货车模型涵盖了保险公司缺乏的车辆动态风险因子，帮助大地保险提升了商用车保险细化风险防控能力和数字化营销能力，实现了降本增效。

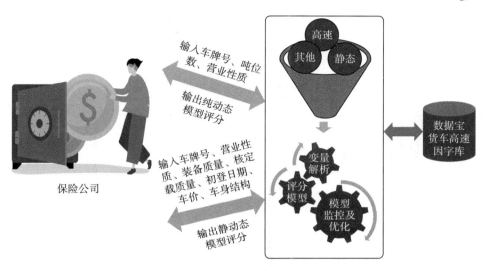

输入车牌号、吨位数、营业性质

输出纯动态模型评分

保险公司

输入车牌号、营业性质、装备质量、核定载质量、初登日期、车价、车身结构

输出静动态模型评分

高速

其他 静态

变量解析

评分模型

模型监控及优化

数据宝货车高速因字库

图 5-10 数据宝货车模型产品形态

资料来源：数据宝公司。

二、某头部互联网银行车主贷款偿还能力分析

当前，整个银行业市场环境受到多方面因素的影响，特别是在企业用户领域，某头部互联网银行在贷款市场相对规模较小。为增加贷款规模，该互联网银行考虑寻找一些较为特殊的市场。在与该互联网银行进行深入沟通后，数据宝向其提出基于前期基础核验合作的一些具体合作方向，涵盖 C 端司机贷（如图 5-11 所示）和 B 端企业经营贷（如图 5-12 所示）。

具体而言，C 端司机贷款购买货车是中国高速运输市场中最为普遍的金融业务之一。然而，传统的货车贷款购买模式存在较低的风险抵抗能力。通常情况下，任何个人或机构只需向车辆制造商申请，即可通过贷款方式实现货车的购买。在此过程中，银行通常与车辆制造商合作，但对购车人和购车机构的信用信息了解甚少。一旦货车运营不善，尽管银行最终可以通过拍卖货车来部分回收损失，但某些损失难以弥补。因此，对银行而言，充分分析购车人和购车机构的还款能力显得尤为紧迫。

图 5-11　数据宝—某头部互联网银行"司机经营贷"产品流程

资料来源：数据宝公司。

在物流场景中，C 端司机需具备营运资质，每辆物流车都必须与一个物流企业挂靠。大多数中国物流司机是个体工商户，注册个体工商户后开始申办企业的道路运输营业证。在这个场景中，物流司机通过平台接单。由于司机自身拥有车辆和运营资质，但缺乏订单，因此这一场景应运而生。数据宝与该互联网银行沟通后，互联网银行认为这一场景非常有前景。在这个场景中，个人风险较易把控，而企业风险较难把控。许多企业看似经营良好，但实际上内部存在较大问题。数据宝凭借自身独特的通行公路数据，结合运输部门的道路运输数据、企业工商信息和司法数据，与该互联网银行合作，设立专项基金并将专项资金投放到市场。首先，数据宝解决了设定场景后的一个问题，即缺乏相关的三方数据支持。如果没有相关数据，就无法对场景用户进行区分，也就无法提供额度。其次，数据宝的数据提供了对企业进行评估的依据，如果确定其在该场景中的经营状况良好，风险较低，则认为这些企业是比较优质的，因此可以提高其额度。这一市场实际上是一个万亿级别的市场，单一银行无法覆盖规模如此庞大的市场。与以往相比，数据宝给予该互联网银行的单一场景增加了10%的放款额，这在业务上是非常显著的。目前，数据宝和该互联网银行前期的合作已经取得了初步成果，并且正在探讨新的合作方式。

在 B 端，数据宝为该互联网银行提供了针对中小微物流企业的信用贷产品。中小微企业占据了我国企业总量的最大比重。但因其规模小、资金少，致使这些企业很难从银行获得较高信用，从而获得贷款。针对该问题，数据宝为其提供了针对中小微企业的信用分析的"普惠铁三角"解决方案（如图 5-12 所示）。

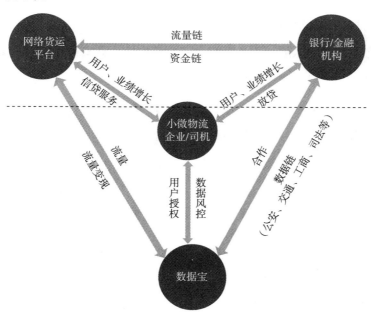

图 5-12 某头部互联网银行企业经营贷——"普惠铁三角"

资料来源：数据宝公司。

第四节　数据要素市场化在实体产业的应用

数据宝的数据产品已经应用到实体产业，为我国实体产业的高质量发展赋能。在数据宝众多优秀案例中，数据宝和某纸业上市公司和某车企的合作较为典型。

一、某纸业上市公司供货全程监督

该纸业上市公司作为全国最大的纸品制造商之一，每天都需要从井冈山购进大量的竹浆材料运输到广西的工厂，但是却面临配货不公问题，可能存在有损企业利益的风险。对于企业来讲，亟须找到真实可靠的数据来核验以往货车进货的重量，并建立供应链监管系统。

为验证每辆运输车辆携带货物的真实重量，数据宝为该上市公司构建了一套供应链监管系统。该系统的核心功能在于通过与国家权威部门的高速卡口直接通信，获取货车载重的大数据，以验证历史进入该工厂卸货的货车的实际货物重量（如图 5-13 所示）。通过综合分析和比对这些数据，确保整个供应链流程中货物数量的安全性。

该系统的运作机制还包括监测供应商是否存在虚报货物重量的行为以及司机是否在运输途中虚报损失货物的情况。如果发现有供应商虚报货物重量或司机中途损失货物并试图窃取的情况，数据宝将立即通知企业方，并积极协助企业进行证据收集和责任追究（如图 5-14 所示）。此外，该系统还会协助企业完善工厂相关管理制度，以最大限度地保障企业的合法权益。

返回参数说明:

名称	类型	说明
info	string	车货总重指数详情
ranking	string	车货总重指数: 0%~100%的数值
lastMonthRanking	string	环比上月指数
ret	string	查询状态(0:查得; –1:未查得)
seqNo	string	序列号(每次调用接口返回的唯一值, 如有接口问题, 请提

图5-13 数据宝—某纸业上市公司供应链检测返回参数

资料来源: 数据宝公司。

如上所述, 数据宝为该纸业上市公司建立的供应链监管系统不仅用于验证货物的真实重量, 还扩展至监测供应链中的潜在风险, 并采取措施加以应对, 以确保企业在营运过程具有更高的透明度和安全性。

二、某车企购车信息认证

随着我国居民人均收入的不断增长, 私人汽车大规模步入寻常百姓家, 这一趋势导致汽车市场需求激增。各汽车制造企业为争夺消费者, 纷纷推出大规模的优惠活动。但在这个过程中, 有时会出现"薅羊毛"行为, 如伪造身份信息多次享受车企的优惠活动。

某车企便面临这个问题。为了回馈用户, 该车企计划为其车主提供一些福利。为了精准回馈每一位车主, 该车企通过其应用程序发放这些福利。然而, 在福利发放过程中, 该车企发现, 一些人尝试冒领福利, 并在多个营销场景中重复领取。这导致该车企浪费了营销资金, 未能真正实现唤醒客户需求的目标。

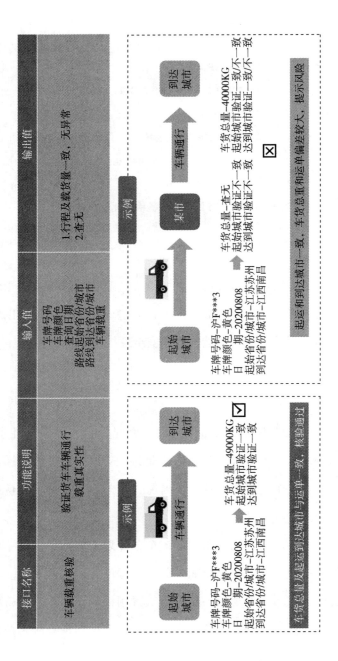

图 5-14 "供应链管理"供应商/承运商货物运输量欺诈识别

资料来源：数据宝公司。

为解决这一问题，数据宝向该企业提供了实名认证和人像业务等服务，以确保汽车主机厂商的用户身份真实有效。然而，在实施了一段时间后发现，仅仅进行单纯的认证无法完全阻止所有冒领用户，必须采取更有效的方法。

在经过多番讨论之后，数据宝考虑采用铁路数据进行验证，即检查用户在过去一年内是否有乘坐铁路的记录。通过这个数据，能够协助汽车主机厂商防范那些可能试图恶意获取大量身份证号码的行为。通过数据宝的服务，成功地协助汽车主机厂商规避了这一类用户（如图5-15所示）。

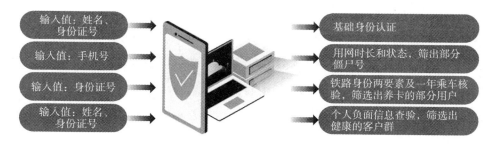

◆需求：
在春节等特定时间针对会员发放红包雨，需确保真实会员享受福利，并且活动过程中流畅无卡顿。

◆数据宝平台支持
• 基于公安、运营商、金融大数据等多数据融合提供身份核验类产品，三重验证确保"一人一账号"，防范"薅羊毛"等行为。
• 根据活动需求，提升特定时间内身份核验接口并发量，可承载亿级以上业务处理量，确保活动正常稳定进行。

输入值：姓名、身份证号 → 基础身份认证
输入值：手机号 → 用网时长和状态，筛选出部分僵尸号
输入值：身份证号 → 铁路身份两要素及一年乘车核验，筛选出养卡的部分用户
输入值：姓名、身份证号 → 个人负面信息查验，筛选出健康的客户群

图5-15　数据宝为某车企规避"薅羊毛"行为

资料来源：数据宝公司。

每年，数据宝执行一套完整的流程，结合活体人像和铁路数据验证，有效地帮助该车企阻挡一万余位试图冒领福利的用户，并为其避免了近百万元的损失。这相当于在该车企每年投入的300多万元的应用程序营销费用中，数据宝成功地为其节省了20%以上的成本。这表明数据宝与该车企的合作方案取得了显著的经济效益。

第五节 数据要素市场化在互联网产业的应用

互联网产业本质上是数据驱动的产业，无论是互联网平台企业还是这些企业所提供的数字产品，一旦离开数据便无法运行，特别是数据认证功能。因此，互联网产业是数据要素市场化最典型的领域。目前，从各类互联网平台企业的实际运行情况来看，数据认证和差异化营销是一些平台企业实现安全保障和稳定发展的两大核心任务。

《中华人民共和国网络安全法》第二十四条明确规定，网络运营者为用户办理网络接入、域名注册服务，办理固定电话、移动电话等入网手续，或者为用户提供信息发布、即时通信等服务，在与用户签订协议或者确认提供服务时，应当要求用户提供其真实身份信息。数据宝平台基于直连公安、银联、运营商的权威、合法、多源个人身份数据资源，帮助网络运营服务实名身份核验平台，可通过三种形式实时验证用户在注册、登记时提交的"实名身份信息"的真伪，杜绝用户身份信息造假，从而规避法律风险、提升用户服务及管理水平（如表5-2所示）。

表5-2 数据宝网络服务用户身份核验

	验证内容	验证工具
身份证实名验证	姓名	实名认证
	身份证号	人像对比
	人像照片	活体检测
		身份证 OCR 识别

续表

银行卡实名验证	验证内容	验证工具
	姓名	银行卡三要素验证
	身份证号	银行卡四要素验证
	手机号	银行卡 OCR 验证
	银行卡号	短信验证
是手机实名验证	验证内容	验证工具
	姓名	全网手机三要素验证
	身份证号	短信验证
	手机号	一键免密验证

资料来源：数据宝公司。

　　社交平台的多边属性使其同其他任何互联网平台一样存在典型的"冷启动"问题，短视频社交平台也不例外。国内某短视频社交平台刚成立时，为了克服平台的"冷启动"问题，该平台时常需要通过发放红包吸引新用户，留住老用户。特别是遇到春节等举国庆祝的重大节日时，平台对红包发放的要求更高，不仅需要把红包发给真实的用户，还必须保证不至于因为流量骤增引发软件运行卡顿等问题。

　　针对该问题，数据宝基于公安、运营商、金融大数据等多维度大数据融合，为该平台量身定制了身份核验类产品，确保平台实现"一人一账号"，防范"薅羊毛"行为。同时，根据平台需求，数据宝帮助平台提升特定时间内身份核检接口的并发量，可承接亿级以上业务处理量，以确保活动的正常运行。

　　除了该短视频社交平台，数据宝的该产品已经在金融、网络支付、电商、网络游戏、共享、外卖、海外购、视频直播、门户网站、社交平台、论坛社区货车物流、婚恋平台、在线医疗、旅游、招聘、代驾、众筹、在线教育、房产中介、兼职平台、域名注册、建筑房产等行业展开了应用。

第六节　政务数据产品应用

目前，我国有 80% 左右的数据是公共数据，直接或间接受政府控制，但由于安全和开发场景不足的问题，绝大多数数据并未向公众开放。为了加快数据流通，进一步释放数据价值，我国相继发布了《中华人民共和国数据安全法》《中华人民共和国网络安全法》和《中华人民共和国个人隐私保护法》等法律。《中共中央　国务院关于构建数据基础制度更好发挥数据要素作用的意见》（"数据二十条"）提出，"建立公共数据、企业数据、个人数据的分类分级确权授权制度"，以及"建立数据资源持有权、数据加工使用权、数据产品经营权等分置的产权运行机制"。在这个大背景下，数据宝结合自身优势，通过国有数据代运营的方式开发政务数据产品。

一、政务数据要素市场化面临的问题

（一）数据共享难

数据共享涉及各个部门，而这些部门的数据基础情况复杂多样，数据的整合因此变得极为困难。此外，数据共享涉及权利归属问题，不同部门之间数据的流通存在一定的风险。

（二）数据治理难

数据治理不仅需要对数据本身进行管理，还需要结合领域专业知识进行引导。然而，当前的数据治理模式缺乏足够的领域专业引导，同时也缺乏一个面向市场化的治理框架，这使得数据治理变得复杂而困难。

（三）数据变现难

数据的变现过程中存在一系列难题。首先，供需双方之间的信息不对称问题导致了数据价值场景的挖掘难度增加。其次，从数据要素转化为可变现的商品也缺乏市场化经验，这进一步加大了数据变现的难度。

（四）数据流通难

数据的流通涉及数据主体的安全、技术保障以及流通过程的监督。然而，目前缺乏系统性的保障措施，导致数据在流通时存在一定的风险。此外，合法合规的规模化数据流通也缺乏有效的支持和机制，这使得数据流通难度增加。

二、数据宝的解决方案

面对当前数据要素流通存在的问题，数据宝基于新一代信息技术，提出了数据治理智能化、建模加工积木化、流通交易合规化和场景应用商品化等数据要素市场全生命周期管理服务，从顶层规划、建设运营、场景打造和产业聚集，为国家、部委、省区市及各地方政府部门进行省部级数据要素融合，打通数据"孤岛"、构建数据资产、生产数据产品、打造数据应用场景、构建交易场所、盘活政务数据资源。

（一）数据要素市场化治理平台

数据要素市场化治理平台是一个多层次的数据管理体系，旨在实现数据要素的有效管理和流通。这一平台包括：基础化治理，通过对数据结构的规范化处理，确保基础数据的有序运营和管理；合规化治理，通过制定分级分类和相关标准，实现数据要素的安全开放；商品化治理，通过整合数据要素以满足不同应用场景的需求，促使数据要素的商品化流通交易。以数据宝为某税务局提供网络货运监督稽查服务平台为例，该平台涵盖企业服务、监管服务、指标体系、风险管理和基础管理五大板块，全面监督业务链路，确保货物运输业小规模纳税人能够更便捷地使用增值税专用发票。

（二）数据要素管理中台

数据宝数据要素管理中台，基于大数据管理生命周期理论，充分发挥数据宝多年数据要素流通变现的经验，利用大数据仓储相关技术，实现对公共数据要素与流通场景的统一和智能管理，为政府、企业数据要素的流通提供了准确、有效、完整、可靠的支撑（如图 5-16 所示）。

（三）数据交易平台

根据"数据二十条"以及相关政策，取数据宝融合区块链、隐私计算等先进数，采用大数据、微服务的技术架构，建设具有生态集聚效应的数据要素流通交易平台——云旗大数据交易平台（如图 5-17 所示），支撑各类型交易主体、不同的市场身份，在平台上完成数据产品交易的"确权—上架—撮合—交易—交付—结算"全流程。

（四）"产业大脑"

近年来，随着数据产业的持续深入发展，"产业大脑"已经逐渐成为各产业链上一项至关重要的数据产品，并在各行业得到广泛应用。"产业大脑"作为一个基于大数据、人工智能和机器学习等前沿技术的创新性解决方案，被设计用于全产业链或产业生态的综合管理，构建了一个强大的大数据平台。该平台通过强大的可视化功能，将全产业链或生态系统的关键信息呈现给管理人员，实现产业与人的实时交互，为管理层提供实时分析和决策判断的支持。

图 5-16 数据要素流通可视化

资料来源：数据宝公司。

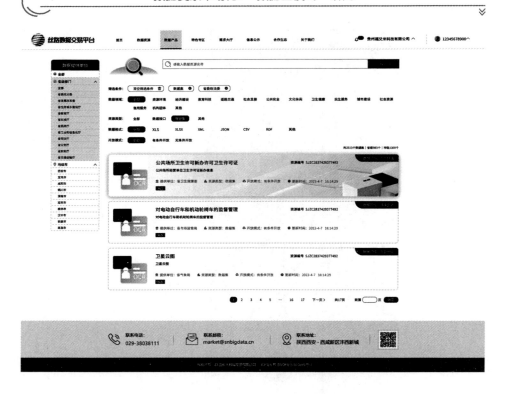

图 5-17　云旗大数据交易平台界面

资料来源:数据宝公司。

数据宝的"产业大脑"以大数据赋能为切入点,成为产业链现代化的数字基础设施,为区域产业数字化、经济治理智能化提供有力支撑。这一平台不仅为政府和园区提供了全面了解产业运行情况的工具,也为生产要素配置提供了决策支持。通过将省部级数据与地方数据进行融合分析,数据宝的"产业大脑"有效地展示了产业链的发展状况,为政府提供科学研判、准确扶持、快速发展和有力监督的能力。

举例而言,数据宝为广西壮族自治区开发的"首长驾驶舱"(如图 5-18 所示),呈现了一种开放式架构,重塑了政府大屏可视化实现路径。通过省部级数据的融合，这一平台为政府提供了多方面的决策支持，包括政府职能提升、安全大脑、数字政府、数字东盟、数字社会以及数字经济等。这种全方位的智能化支持强化了政府的决策能力，促进了产业集聚和升级，推动了区域经济的可持续发展。通过对交通、文旅产业的深入分析，政府得以制定更为科学合理的政策，为地方经济的高质量发展提供了重要的战略支持。因此，"产业大脑"作为一个综合性的大数据平台，不仅在促进产业升级和集聚方面发挥了关键作用，也在区域治理和数字化转型中发挥了重要作用。

图 5-18 数据宝为广西打造"首长驾驶舱"

资料来源：数据宝公司。

第六章

"数据宝模式"的核心要义

第一节 "数据宝模式"的核心内涵

数据宝是数据要素市场化的领军企业,"数据宝模式"是数据要素市场化过程中促进数据要素流通、释放数据价值的典型模式,是数据宝多年来在大数据领域不断实践的结果。"数据宝模式"是指在满足一定的安全条件下,通过代运营国有数据获得国有数据的加工使用权、数据产品经营权,在此基础上为国有数据资源方提供数据治理智能化、建模加工积木化、场景应用商品化、流通交易合规化等数据要素市场全生命周期管理服务。目前,数据宝直连 50 多个国家部委、央企、国企等机构的数据,数据覆盖了人、车、企、路、环、能六大维度,基于上千 PB 量级的海量数据,实现了近 300 个场景的落地应用,数据产品深度应用到 AI、金融、保险、物流、汽车、互联网、政务等领域,为更多产业提供坚实、可靠、海量、权威的数据能力支持。

一、定位于国有数据代运营商，填补数据要素市场空白

目前，国内关于数据要素市场的理论和实践多围绕如何进行单纯的数据交易。由于数据权属不清晰，数据的实际控制者存在交易动力不足的问题，导致我国数据要素市场的发展长期受阻。另外，数据的价值化表现出典型的网络效应：在一定范围内，随着数据量的增加，数据的价值呈指数增长。我国是名副其实的数据大国，根据赛迪顾问发布的《中国数据安全防护与治理市场研究报告（2023）》，中国的数据量在 2017 年到 2021 年，从 2.3ZB（十万亿亿字节）增长到 6.6ZB，预计在 2026 年达到 23.5ZB，将位居全球第一，且未来依然会保持爆发式增长[①]。中国保有的数据中，公共数据占比高达 80% 左右，但实现数据共享的省级政府部门仅占 13%，实现少量数据共享的地市和区县仅占 32% 和 28%，信息共享和业务协同在地市和区县进展缓慢[②]。大量的由政府直接管理的公共数据，即国有数据无法得到有效的开发和利用。数据宝定位于国有数据代运营商，通过在国有数据资源方和市场需求方之间搭建数据平台，在不涉及数据所有权的前提下，对国有数据进行加工，制成数据产品或服务，实现数据价值的释放。

（一）连接国有数据资源方和市场需求方，形成数据要素市场闭环

数据宝创新出一套数据安全使用机制，在不需要将国有数据拷贝出来的前提下对国有数据进行加工，并制成数据产品投放市场（如图 6-1 所示）。首先，利用先进技术和管理模式在申请使用国有数据时获得竞争优势，并成

---

① 《2023 中国数据安全防护与治理市场研究报告》，https://www.sohu.com/a/680286261_120884466，2023 年 5 月 30 日。

② 头豹：《2021 年中国数据管理领域发展白皮书》，https://pdf.dfcfw.com/pdf/H3_AP202110291525801201_1.pdf。

功与国家部委和企事业单位达成合作协议。其次，在国有数据合作方的数据管理部门，由国有数据资源方为数据宝设立相关办公场所，并提供相关办公设备。再次，数据宝分离出独立的模型处理中心，与数据宝驻国有数据资源方数据中心办公处直接对接，负责对国有数据资源方提供的数据进行加工和制成数据产品，并将数据产品一方面反馈给数据宝，另一方面通过数据宝驻国有数据资源方数据中心办公处将数据反馈给国有数据资源方的数据管理部门，数据宝在这个环节不接触源数据。最后，数据宝将数据产品投向市场，获得收益，并根据市场反馈，再次通过数据宝驻国有数据资源方数据中心办公处将市场的数据需求反馈给国有数据资源方的数据管理部门，同时提出相关数据申请。

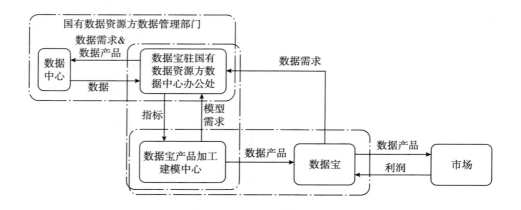

图 6-1 "数据宝模式"技术逻辑

资料来源：作者根据数据宝公司相关资料绘制。

在整个过程中，数据宝在国有数据资源方和市场需求方之间搭建了一个数据经纪平台——一方面，数据宝可以把市场最新的数据需求反馈给相关的国有数据管理部门;另一方面,数据宝将从国有数据管理部门申请到的数据在"可用不可见"的前提下制成数据产品反馈给市场。在这种模式下,数据宝一方面满足了市场上对数据的需求,另一方面帮助国有数据资源方发掘了数据的价值,并实现了数据的价值变现。

(二)不拥有数据产权,规避数据要素市场风险

"数据宝模式"巧妙地规避了数据产权引发的一系列问题。第一,没有产权争议。"数据宝模式"所用的数据是政府部门、国有企事业单位掌握的公共数据,产权明确,数据宝只需要从数据主体——相关部门获得使用许可即可,因而不用担心由于产权争议造成的数据滥用问题。第二,由于公共数据占据了我国所有数据的绝大部分,因此在不存在产权争议的条件下开发公共数据效能比最高,且涵盖了各行各业,特别是交通领域和金融领域,数据规模大,应用价值高。"数据宝模式"为此类数据的价值化发掘提供了样板。第三,实现了数据的"可用不可见"。"数据宝模式"最突出的一点在于设置两个相对独立的结构,实现了对数据的操作。数据宝驻国有数据资源方数据中心办公处负责与国有数据管理部门进行协调,独立的数据宝模型中心对来自数据宝驻国有数据资源方数据中心的数据进行封闭式加工。该过程完全封闭,且全部操作由双方互相监督,实现了源数据与市场的完全隔离,确保数据安全。

二、根植于"老中医理论"理念,推动数据要素增值

数据要素化的"老中医理论"源自数据宝董事长汤寒林根据传统中医抓药的逻辑,结合自己在数据要素价值化过程中的切身实践总结而来的一个数据要素增值的理论。传统的中医系统,中药的作用举足轻重,不可或缺。中

药主要来源于天然药及其加工品，包括植物药、动物药、矿物药及部分化学、生物制品类药物，每一味中药所蕴含的药用价值相对比较稳定。中国古代的中药学家根据中药的药性和真实的滋味将中药分为四气五味——寒、热、温、凉四种不同的药性，酸、甘、咸、苦、辛五种不同的味道。一般来讲，单味中药很难将现实中的某种疾病治好，中医治病需要根据不同中药的药性，结合病人的症状，将不同种中药按照一定剂量配比进行组合，从而将寻常可见的植物、动物、矿物等转变成治病救人的良方。

"数据宝模式"的核心要义即在于此。一般来讲，单一数据集中数据所蕴含的价值非常有限。举例来讲，高速公路上所采集的每辆货车上下高速的时间数据、载重数据和地点数据只能反映交通运输的问题，但如果加上驾驶员的相关信息和车辆自身的信息，那么就可以反映货运车辆的运营安全问题，从而决定某辆车的保险保费问题。植根于数据价值化的"老中医理论"，并基于50多家国家部委、央企、国企的数据，数据宝深耕行业细分领域，针对性地为行业提供个性化的数据产品配方，推动数据要素增值。

（一）深耕行业细分领域，为用户精准把脉

基于国有数据资源方的数据，数据宝选择深耕行业细分领域，为用户提供全面的数据支持和精准的信息分析，帮助他们做出更明智的决策。为此，数据宝推出了认证宝、画像宝、风控宝、交通宝等数据认证和分析服务，深度分析用户的现状、面临的风险与困境、可抓住的机会等。例如，在互联网领域，数据宝通过对用户行为、业务场景需求、市场趋势和竞争对手的分析，能够精确捕捉用户兴趣和需求，从而提供个性化的产品和服务，已经为超过300个细分场景提供了数据产品和服务，帮助客户提高了用户满意度。在金融领域，数据宝通过深度数据分析，可以帮助银行、券商等金融机构更好地管理风险，识别欺诈行为，提供更安全的交易环境。在保险领域，数据宝的数据分析技术可以帮助保险公司对投保（法）人更准确地实现估算风险，制定更合理的保费定价策略，并改进理赔流程，提高服务质量。这对于保险行业的可持续增长和客户满意度至关重要。在物流和汽车行业，数据宝通过分析交通流量、通行时间、供应链数据和车辆性能数据，帮助企业优化物流和运输，降低成本，提高效率。在电子商务领域，数据宝通过深入了解消费者行为和购物习惯，帮助电商平台提供更个性化的推荐和购物体验，提高销售额。在数字政务方面，数据宝为政府部门提供多种数据服务支持，帮助它们更好地理解人民需求，提高公共服务的效率和满意度。

（二）个性化定制产品配方，满足用户需求

在强大的数据分析能力的基础上，数据宝针对每一个客户面临的具体问题定制个性化的数据产品配方，帮助客户更好地解决问题。这些配方不仅考虑到用户当前的需求，还预测未来可能出现的趋势，以确保数据产品能够长期满足用户的需求，为他们提供有深度、有洞察力的数据技术支持，帮助他们做出更明智、更具前瞻性的决策。举例来讲，数据宝帮助某头部短视频社交平台解决发红包时因巨大流量带来的卡顿问题。在春节等特定时间，该头部短视频社交平台会针对用户发放红包雨。在这个过程中，该平台需要确保只有真实的注册用户才能享受到这个福利，而且还需要保证整个过程流畅无卡顿，不影响抢红包用户和其他用户的使用体验。针对该问题，数据宝基于公安、运营商、金融等多个部门的大数据，通过数据宝的数据模型产品为该平台提供注册用户的身份核验，确保整个发红包过程中"一人一账号"，在保证平台正常运行的前提下防范各种"薅羊毛"行为。除此之外，数据宝还为物流产业、保险行业、金融行业等针对性地提供了个性化的数据产品配方,得到用户的一致好评。

通过长期的努力和专注,数据宝已经建立起深入了解不同行业需求的能力,为用户提供高质量、高效率、个性化的数据解决方案。这些解决方案不仅可以帮助企业提高运营效率,还可以帮助政府部门更好地了解市场趋势和社会需求,从而更好地规划和决策。数据宝将继续不懈努力,致力于在更多的领域中为用户精准把脉,推动各行业的发展和创新。

三、坚持产品单元"积木化",高水平提升产品生产效率

"数据宝模式"将链接于各数据中心的数据输出标准化,作为数据宝的数据产品单元。当面对客户的需求时,这种标准的数据产品单元将会化身数据"积木"为客户搭建各种数据产品。

(一)底层数据标准化,汇聚数据要素资源

数据宝与超过 50 多家国有数据资源方(部委厅局、央企、地市国企等)建立了密切的合作关系,它不仅是一个数据链接者,还是一个庞大的数据协调和整合者。数据宝从这些政府部门和企业获得的数据涵盖了各个领域,包括但不限于交通、金融、教育、医疗、能源、农业、环保等,因此所存储的数据类型各式各样,包括了结构化数据、非结构化数据,以及各种不同属性的结构化数据。

底层数据的多样性和不一致性是数据宝在数据整合过程中面临的挑战。即便是同类型的数据,如来自不同部门或企业的结构化数据,它们的属性也可能千差万别,包括命名方式、数据格式、数据单位等。在这个背景下,数据宝需要对所有的数据进行深度清洗、标记和分析,以确保数据的质量和一致性。这个初步加工的过程不仅包括纠正错误和缺失,还包括将数据转化为

标准化的格式，以便于后续的整合和分析。

一旦底层数据被初步标准化，数据宝就能够将它们有效地汇聚在一起，形成一个庞大且多元化的可用数据要素资源。这个资源是数据宝制造数据产品的基础，它包含了不同来源的高质量数据，可以用于各种不同的应用，包括数据分析、机器学习、预测建模、智能决策等。数据宝的专业团队负责维护和更新这个数据标准化系统，确保它始终保持最新、最可靠的状态，以保证数据可随调随用。

（二）初级产品积木化，提升数据产品生产效率

在完成底层数据标准化之后，数据宝以更广泛的视野和更深入的技术洞察，采用创新性的方法，将标准化后的数据进一步加工，将其转化为标准的、可处理的、以最小的数据单元为基础的初级产品。这些初级产品不仅用于直接向用户提供有价值的数据服务，还在更高层次上成为数据宝自身数据产品制作的不可或缺的"积木"。

这种初级产品的积木化是数据宝的一项重要技术创新。通过将数据加工成最小的可处理单元，数据宝创建了一个强大的数据资源库，这个库汇集了来自不同领域和来源的数据积木。这些数据积木具有高度的通用性和可组装性，就像积木一样，可以根据不同用户和应用的需求，随时组合成各种不同的数据产品。

这种灵活性和可定制性使数据宝能够满足不同用户的需求，无论是政府部门需要定制的政策分析报告，还是企业需要的市场趋势和决策分析，抑或是学术研究者需要的数据集合，都可以基于这些初级产品的积木快速构建。这不仅提高了数据宝的效率，还为用户提供了更灵活、更个性化的数据产品选择，帮助他们更好地应对不断变化的信息需求和挑战。这一技术革新使数

据宝在数据产品制作和交付方面走在了行业的前沿，不断为用户提供更丰富、更高质量的数据服务。

（三）最终产品多样化，满足用户个性化需求

数据宝的核心理念是将数据变为有用的信息，将信息转化为有价值的知识。在初级产品的基础上，数据宝进行进一步的加工和组合，以满足不同用户的个性化需求。这个过程是数据宝成功的关键，因为它确保了最终产品的多样性和灵活性，能够应对各行各业广泛的个性化需求。

首先，数据宝根据用户的需求和行业特点，选择不同的初级数据积木进行组合。这些初级积木可能包括市场趋势数据、用户行为数据、地理信息数据、财务数据等，可根据具体情况进行灵活组合。例如，在交通领域，数据宝可以将车辆运营数据、车辆安全数据和车主信用数据进行组合，制作出用于汽车保险的高度定制化评分产品。而在物流领域，数据宝围绕"人—车—企"三个维度构建数据可信服务，在注册环节、运输环节、交易环节提供多接口融合数据产品支持，帮助平台核验用户身份以及道路运输相关从业资质。

其次，数据宝利用先进的分析和挖掘技术，从庞大的数据资源库中提取有价值的信息。这包括数据的关联分析、趋势预测、异常检测等多种技术手段。通过这些技术，数据宝能够帮助用户发现潜在的机会和风险，为他们提供深度的洞察和智能决策支持。

最后，数据宝生成多样化的最终产品，这些产品可以是成熟的数据 API产品、交互式报告、数据可视化仪表盘、机器学习模型、预测分析工具等。这些产品旨在满足用户的个性化需求，帮助他们更好地理解数据、发现规律、做出决策。例如，企业可以使用数据宝提供的数据产品来优化供应链管

理、改进市场营销策略，或者实施智能客户服务；政府部门可以依靠数据宝的数据产品制定更有效的政策、管理公共资源，提高治理效能。

数据宝的最终产品多样化，能够满足不同用户的个性化需求，为各行各业的决策者提供了有力的支持。通过将初级产品的灵活积木化与高级分析技术相结合，数据宝实现了数据到信息、信息到资源、资源到价值的转化，为用户带来了深刻的洞察力和智能决策能力，并获得了收益。这使得数据宝成为了数据产业的领军者，不断推动着数据科学和数据驱动决策的发展，为未来的数据市场开辟了更加广阔的前景。

第二节 "数据宝模式"发挥的积极作用

"数据宝模式"是将底层数据加工成标准化的数据"积木"，直接用于数据产品的生产和加工，为用户提供价值服务。从根本上讲，"数据宝模式"将国有数据资源方的数据从数据中心释放出来，通过技术手段让数据被有效地利用，通过数据积木的形式实现不同数据集之间的汇聚，并以数据产品和数据服务的形式实现数据的流通，最终实现数据价值的释放。"数据宝模式"发挥的积极作用可总结为：让数据放出来，实现政府增能；让数据用起来，实现企业增效；让数据聚起来，实现市场增业；让数据动起来，实现产业增值。

一、政府增能——让数据放出来

"数据宝模式"着眼于国有数据资源方，促使其更加高效和透明地管理数据。国有数据资源方拥有大量数据，这些数据来自各个政府部门和机构，涵盖了广泛的领域，包括交通管理、经济发展、金融运营、人口统计、社会福利、环境保护等。然而，这些数据通常分散在各个部门和数据库中，没有得到充分的整合和利用。"数据宝模式"旨在让国有数据资源方更加高效和透明地管理这些数据资源，使之成为为社会带来实际价值的宝库。

要使国有数据资源方成为数据的宝库，当且仅当这些宝库中的数据能够为社会带来价值时，国有数据才能够充分发挥作用。在这一层面，"数据宝模式"鼓励国有数据资源方提高数据管理、运营和增值的能力，确保数据资源不仅存在于数据库中，还能够以开放和可访问的方式被社会各界利用。国有数据资源方通过公开数据集、建立数据标准和制定数据政策，释放了数据的潜力，为整个社会提供了可利用的数据资源。

二、企业增效——让数据用起来

"数据宝模式"不仅有助于使国有数据资源方成为数据的宝库，还可以使企业提高运营效率，实现数字化转型。虽然企业在日常运营中会产生大量数据，但有效地利用这些数据并不总是容易的；同时，企业的日常运营也需要外部数据的辅助，通过对内外数据的综合分析可以有效提高企业的运行效率和决策的准确程度。

首先，"数据宝模式"通过提供标准化的数据积木，使企业更容易获取、处理和分析数据。这些数据积木是经过清洗和整理的数据片段，可以轻松地与企业的内部数据集成，从而为企业提供了全面的数据视图。例如，零售企业可以将销售数据与库存数据结合，实现更准确的库存管理和需求预测，从而减少库存成本并提高客户满意度。

其次，数据要素能够协助企业实现更高效的生产和运营。例如，通过实时监测设备和生产线上的数据，制造企业可以实施预防性维护，减少停机时间，提高生产效率；服务行业可以根据客户反馈和行为数据，优化服务流程，提供更具个性化的客户体验，增强客户忠诚度。

再次，数据要素也在战略层面为企业提供支持。通过数据分析，企业能够更好地理解市场趋势、客户需求和竞争格局，从而制定更明智的战略决策。数据还可以用于创新和产品开发，帮助企业推出更符合市场需求的产品和服务，赢得市场份额。

最后，"数据宝模式"为企业提供了实现数字化转型的机会。它鼓励企业将数据作为战略资源，将数据驱动的文化融入组织 DNA 中，以适应快速变化的市场环境。通过数据分析、人工智能和机器学习等技术，企业可以实现自动化、智能化的运营，提高决策的准确性和速度。

总之，"数据宝模式"在企业层面释放了数据的潜能，帮助企业提高运营效率、降低成本、提升竞争力，并推动数字化转型。企业将数据用于优化流程、提高生产效率、改进客户体验以及制定战略，并从中获得巨大的经济和商业价值，实现全面的增效。

三、市场增业——让数据聚起来

"数据宝模式"推动了新的市场和新的业态出现。通过数据积木的形式，不同数据集可以轻松地汇聚在一起，从而创造出全新的商业机会。"数据宝模式"的成功刺激了数据增值运营服务商等新兴企业的兴起，它们通过整合、分析和提供数据，为各种行业提供高度定制化的解决方案。这不仅扩大了数据产业的规模，而且激发了创新和竞争，为市场增添了新的活力。数据的聚合也有助于跨行业的合作和生态系统的形成，进一步促进市场增加新的业态。

首先，"数据宝模式"通过数据积木的形式，使不同数据集能够轻松地汇聚在一起。这为数据增值运营商提供了丰富的原材料，使它能够创建高度定制化的解决方案。这些数据增值运营商不再仅仅是数据的中介，而是成为了数据产品的创造者和创新者，将数据转化为具有商业和社会价值的产品和服务。例如，数据增值运营商可以根据不同行业的需求，提供市场分析工具、风险管理模型、智能预测系统等多样化的数据产品。

其次，"数据宝模式"有助于激发跨行业的合作和生态系统的形成。不同行业的企业和机构开始意识到数据的重要性，它们愿意共享数据以实现更大的价值。这种数据的跨领域整合为新的业态和商业模式的出现创造了条件。例如，智慧城市项目将来自交通、环境、能源等领域的数据整合在一起，为城市管理和公共服务提供了全新的解决方案。

最后，"数据宝模式"还有助于推动创新和竞争的激烈发展。数据增值运营商之间的竞争迫使他们不断提高数据质量、提升分析能力和创新数据产品。这种竞争促使行业不断进步，为客户提供更多选择和更高质量的数据服务。同时，这也为初创企业和创新者提供了进入市场的机会，他们可以通过独特的数据应用和解决方案获得竞争优势。

"数据宝模式"释放了数据创新的力量，推动了市场增业。数据不再局限于特定行业或用途，而是在不同领域之间流动和共享，创造了新的商业机会和市场动力。这种市场增业不仅丰富了数据产业的生态系统，还为社会带来了更多的选择和便利，加速了数字化时代的发展和进步。

四、产业增值——让数据动起来

"数据宝模式"实现了数据资源的加工和商品化，从而实现了数据的产业增值。数据增值运营商通过数据加工、分析和创新，让数据动起来，为客户提供高度定制化的数据产品。这不仅为企业和政府部门带来了更多的洞察力和决策支持，还为整个数据产业带来了增值机会，创造了就业机会，促进了经济增长。

首先，"数据宝模式"强调数据的实际应用价值。数据资源不再仅仅是信息的堆积，而是通过数据增值运营商等机构被有效地运用、分析和加工，将数据转化为有形的、有价值的产品和服务。例如，数据增值运营商可以基于医疗健康数据开发出健康管理应用，让用户更好地掌握自己的健康状况，医疗机构可以通过分析患者数据来改进诊断和治疗方法，提高医疗质量。

其次，"数据宝模式"通过数据加工、分析和创新，为企业和政府部门提供了高度定制化的数据产品。这些数据产品不仅满足了各自的需求，还为他们提供了深入的洞察力和决策支持。企业可以根据市场趋势、客户行为和竞争情况，制定定制的市场分析报告，以制定更智能的营销策略。政府部门可以依靠数据产品来进行政策评估、资源管理和风险预测，提高治理效能。

最后，"数据宝模式"还创造了就业机会和经济增长。数据增值运营商、数据分析师、数据科学家等相关职业得到了更多的发展机会，他们为数据的加工和应用提供了专业技能。同时，数据产业的增长也带动了相关产业链的发展，包括数据存储、数据安全、数据可视化、人工智能等领域。这不仅丰富了就业市场，还为经济增长注入了新的动力。

综上，"数据宝模式"释放了数据的商业潜能，实现了数据资源的增值。通过将数据有效地动起来、转化为具体的产品和服务，"数据宝模式"为企业和政府提供了更多的工具和洞察力，同时也促进了数据产业的增长和经济的繁荣。这种增值不仅体现在数据产业的规模扩大，还为社会各界创造了更多的机会和价值，有助于推动数据要素市场化的进一步发展。

第三节　"数据宝模式"的主要特征

"数据宝模式"基于技术保障，通过模式创新在市场竞争中取胜，获得与国有数据资源方合作的机会，将国有数据资源方控制的闲置数据充分利用起来，加工成数据产品，实现了独特的数据要素市场化的全过程。相比于传统的数据要素市场化直接交易数据的模式，"数据宝模式"巧妙地避开了数据的产权问题，在数据源和数据需求者之间搭建了一个数据经纪平台，一定程度上实现了数据供需之间的有效匹配。同时，数据宝对数据的"积木化"处理有效地解决了数据要素化过程中数据的标准化问题，使数据可以随调随用。此外，"数据宝模式"有效地将各类数据标准化后汇聚到一起，把单一的数据做成数据"药方"，帮助企业解决各种问题，实现数据要素的进一步增值。由于"数据宝模式"本身不涉及数据的产权问题，只需要获取数据的加工使用权，因此，"数据宝模式"可以大规模复制推广。总之，"数据宝模式"的主要特征包括自发性、连接性、增值性、可复制性和创新性。

一、自发性

（一）数据宝是独立成长起来的企业

数据宝是汤寒林于 2016 年在我国首个大数据综合实验区——贵州省贵安新区成立的专业从事数据要素市场化的企业。在数据宝成立之前，汤寒林作为联合创始人于 2004 年在上海创办了上海拓鹏网络科技有限公司（以下简称"拓鹏公司"），专业从事数据营销，一直致力于为广大客户提供专业的精准营销工具与策略服务，先后服务过英国《金融时报》、巨人网络、1 号店、万科地产、保利地产、德国宝马、大众汽车、马爹利、宝洁等数千家国内外知名品牌，积累了丰富的行业经验，赢得了客户的一致赞誉。

在行业积累了十年经验之后，汤寒林先生带领拓鹏公司进行产业升级，布局大数据战略。为了更好地迎接大数据时代，在前期积累的技术和经验基础之上成立了数据宝。数据宝成立之后，在没有任何政府背景的前提下，数据宝因为其先进的数据要素化交易模式和个性化的数据产品/服务，成功地得到了社会各界的广泛认可，并吸引了多家资本入股。目前，数据宝的股东方包括科创城产业基金、中国科学院中科创星（产业基金）、海尔资本（旗下政府引导基金）、贵州省贵安新区（产业基金）、鲲鹏基金、贵州省大数据基金等。

（二）"数据宝模式"中数据要素依靠市场机制流通

在"数据宝模式"中，数据宝采用垫资的策略，对从政府部门获取的数据进行加工和处理，然后将经过加工的数据产品返还给政府部门。在这个过程中，数据宝获得了该数据产品的加工使用权和经济权益。因此，数据宝有权将这一数据产品引入市场，并出售给其客户。值得注意的是，政府在数据的加工和销售环节没有直接介入，所有的操作完全由数据宝独立承担，包括数据产品的销售风险。因此，在"数据宝模式"中，数据产品以及数据要素的流通完全依赖于市场机制，而数据宝承担了自身的盈亏风险。如果数据宝加工的数据产品未能获得用户的认可，那么数据宝将承担所有相关损失。

二、连接性

作为一家数据经纪平台，数据宝建立了一个以数据要素为核心的商业生态系统，用以链接数据源和数据需求方，填补了市场的空缺。在这一生态系统中，数据宝采用技术手段，一方面，将众多数据源引入其平台，对这些数据进行加工处理，将其转化为可复用的数据"积木"；另一方面，数据宝连接各个客户，即数据需求方，并依据客户的具体需求，以数据"积木"为基础构建符合需求的数据产品。在这个过程中，用户使用数据产品所产生的数据会反馈给数据宝，数据宝也会根据客户的实际需求动态进一步优化数据产品。此外，数据宝还具备与其他数据经纪平台（数据经纪商）链接并合作的能力。

三、增值性

在数据要素中，单个数据集所带来的价值受到严重限制，唯有将来自不同数据集的信息巧妙融合，构建多维数据产品，才能充分释放数据的价值潜能。"数据宝模式"通过对多源数据的加工、组合，实现了数据要素的多维度增值，同时推动了整个数据产业链上的各个部门（政府、企业、客户）实现了协同发展和价值共赢。具体而言，数据的价值增殖表现如下：

（一）实现数据要素的多维度增值

"数据宝模式"充分利用了不同数据源之间的关联和交叉，将各类数据精妙地结合，从而产生更为丰富和深刻的多维数据产品。这些多维数据产品不仅提供了更全面的信息视角，还为用户提供了更多元化的数据分析工具，帮助他们更好地理解和利用数据，实现数据的多维度增值。

（二）产业链企业实现共赢

"数据宝模式"不仅有助于国有数据资源方提高数据管理和利用效率，还为企业提供了更多数据驱动的商机。国有数据资源方、企业、客户三者之间的协同合作，促使整个产业链实现了共赢局面。国有数据资源方提供数据资源，企业加工和创新数据产品，客户受益于更好的数据服务。这种互惠互利的关系不仅推动了产业链上各个环节的发展，还为整个数据生态系统的健康运转提供了有力支撑。

"数据宝模式"在数据要素的多维度增值和产业链企业的共赢方面发挥了关键作用，推动了数据产业的快速发展和协同进步。这一模式不仅丰富了数据产品的多样性，还为政府、企业和客户带来了更多的机会和价值，实现了全方位的价值增殖。

四、可复制性

"数据宝模式"的运行相对简单，同时也得到了市场广泛认可。这一模式的有效性在于其成功规避了数据产权问题，其完备的运行逻辑确保了数据的"可用不可见"特性，从某种程度上有效地化解了因数据公开而带来的潜在安全风险。因此，"数据宝模式"具备较高的可复制性，即可作为一种可行的路径用于研究和推广数据要素市场化。这种可复制性意味着该模式在其他类似背景和情境下也可以得到应用，为更广泛的数据市场发展提供了有益的经验和参考。

五、创新性

"数据宝模式"诞生于市场竞争，本身就是一种数据要素市场化的创新。具体来看，"数据宝模式"的创新性主要表现在理念创新、模式创新和产品创新等方面。

（一）理念创新

"数据宝模式"的理念创新在于强调单一数据的价值有限，多源数据的交叉融合才能更充分地实现数据的增值。此外，该模式成功规避了数据的产权问题，通过获得政府部门的数据使用权，实现了数据要素的合法获取和利用。这一理念创新为数据市场提供了一种全新的思维范式，强调数据资源的整合和多维度应用，为数据要素市场化开辟了新的道路。

（二）模式创新

"数据宝模式"在创新中摆脱了传统数据交易模式的争议，采用了以数据产品为核心的模式。它将数据宝定位为数据经纪平台，有效地连接了数据源和数据需求方，以国有数据和自身技术为基础，为数据需求方即客户提供了高度个性化的数据产品。这种模式创新不仅丰富了数据交易的方式，还提高了数据市场的效率和透明度，使数据交易更加灵活和多样化。

（三）产品创新

在"数据宝模式"中，数据宝创造了标准化的中间产品——数据积木，连接了底层数据和数据产品之间的环节。这一产品创新成功地实现了数据的随需应变，使得数据产品的加工过程更加高效和灵活。用户可以根据自身需求，自由选择和组合数据积木，定制符合特定需求的数据产品。这种创新为用户提供了更多选择和定制化服务的机会，丰富了数据市场的产品种类。

第七章

"数据宝模式" 的成长密码

第一节 成长密码之时代机遇

《荀子·劝学》云："登高而招，臂非加长也，而见者远；顺风而呼，声非加疾也，而闻者彰。"数据宝之所以能快速成长，有效探索出一条适合国有数据的数据要素市场化模式，根本原因在于其顺应了国家和地方政府大力发展大数据产业的时代东风，抓住了国家大数据战略谋篇布局的政策红利，加之数据宝自身在大数据产业多年的耕耘，探索形成了一套独特的管理模式，并将其作为内部优势不断强化，最终在内外因的融合推动下将企业发展壮大汇入大数据产业发展的洪流。

一、国家对大数据产业的政策布局

大数据被誉为数字经济时代的"石油"，具有重要的战略价值。我国对

大数据概念和产业的认识随着数字技术的不断发展逐步向前推进，在对大数据产业的监管中不断发现数据要素的价值，由对大数据产业的规划慢慢过渡到对数据要素市场建设的方向中。根据不同阶段政策的实施重点，可以将我国的大数据产业政策分为大数据概念探索期、大数据产业规划期和数据要素市场建设期三个时期。

（一）大数据概念探索期（1980~2015 年）

大数据的概念由来已久，数据挖掘技术在 20 世纪 80 年代就已经兴起，2008 年，美国《自然》（Nature）杂志第一次从学术研究的角度提出了大数据的概念，大数据开始进入政府管理者的视野[1]。2012 年，《哈佛商业评论》专门讨论了大数据对企业决策的影响[2]。受到大数据相关概念的逐步普及，美国政府成为第一个明确提出数据开放的国家：2009 年，时任美国总统奥巴马签署了《透明与开放政府备忘录》，宣布开放政府数据；2012 年，美国启动"大数据研究和发展计划"，提出了"数字主权"的概念；2013 年，美国通过《政府信息公开和机器可读行政命令》，正式确立了政府数据开放的基本框架；2014 年，美国发布《美国开放数据行动计划》，继续优化对公众开放数据资源的规划，提出要在健康、气候、教育、财政等领域主要开放相关数据。英国、澳大利亚、法国等发达国家也纷纷在这一时期开始推进各国的大数据发展研究计划。英国在 2012 年发布了《开放数据白皮书》，提出政府各部门应制定更为详细的两年期的政府数据开放策略；澳大利亚在 2010 年、2011 年相继颁布《开放政府宣言》《开放公共部门信息原则》，将信息视为

---

[1] 李辉：《大数据推动我国经济高质量发展的理论机理、实践基础与政策选择》，《经济学家》2019 年第 3 期。

[2] McAfee A，Brynjolfsson E，"Big Data：The Management Revolution"，*Harvard Business Review*，2012，Vol. 90，No. 10.

战略资产，并认可政府信息对公众应该开放；法国在 2013 年出台《公共数据开放和共享路线图》和《政府数据开放手册》，推动政府部门公共数据共享，并对开放数据的内涵进行界定①。在美国等发达国家的影响下，2012年，联合国"全球脉动"计划发布《大数据促发展：挑战和机遇》政务白皮书，建议成员国政府利用互联网数据提升对经济、社会的管理能力。

美国等发达国家对大数据的关注为我国制定相关规划提供了参考，我国对大数据概念的关注也始于 2012 年前后。2010 年，《国务院关于加快培育和发展战略性新兴产业的决定》中提到"加快推进三网融合，促进物联网、云计算的研发和示范应用"，并没有直接提到大数据产业。2012 年，广东省率先启动大数据战略，制定了《广东省实施大数据战略工作方案》，提出要建设政务中心保障大数据战略的推进。2013 年，上海市科学技术委员会发布了《上海推进大数据研究与发展三年行动计划（2013-2015 年）》，提出培育数据技术链、产业链、价值链，支撑智慧城市建设的发展目标。同年，重庆市出台《重庆市大数据行动计划》，提出要将大数据产业培育成重要的战略性新兴产业，到 2017 年重庆市成为有国际影响力的大数据枢纽及产业基地。在国家层面，2013 年，科技部将大数据列入 973 基础研究计划，大数据相关研究也出现在当年的自然科学基金项目中。2014 年，大数据首次写入政府工作报告，将其作为未来产业的发展重点。2015 年，党的十八届五中全会首次提出"国家大数据战略"；同年，出台了《国务院办公厅关于运用大数据加强对市场主体服务和监管的若干意见》《关于促进大数据发展的行动纲要》等重要政策出台，不仅将大数据作为经济转型的新动力，也将其作为提升政府治理能力的重要手段。

---

① 张勇进、王璟璇：《主要发达国家大数据政策比较研究》，《中国行政管理》2014 年第 12 期。

(二) 大数据产业规划期 (2016~2018 年)

随着国家层面对大数据概念和产业影响的深入认识,大数据相关产业规划也更加清晰。在这一阶段,我国国家和地方层面相继出台了更加具有可实施性的大数据产业规划。

2016 年,中共中央、国务院印发《国家创新驱动发展战略纲要》,提到"推动宽带移动互联网、云计算、物联网、大数据、高性能计算、移动智能终端等技术研发和综合应用";同年出台的《"十三五"国家科技创新规划》将大数据作为重大工程之一专门部署。2016 年 9 月,国务院印发了《政务信息资源共享管理暂行办法》,进一步推动政府数据开放。各大部委也在这一时期密集提出大数据产业的具体发展规划。2016 年 2 月,国家发展与改革委员会办公厅发布了《关于组织实施促进大数据发展重大工程的通知》,提到"重点推进数据资源开放共享,推动大数据基础设施统筹,打破数据资源壁垒,深化数据资源应用,积极培育新兴繁荣的产业发展新业态"。2017 年 1 月,工业和信息化部发布了《大数据产业发展规划 (2016-2020 年)》,对大数据产业的发展目标进行了更为具体的规划,如相关产品和服务业务收入突破 1 万亿元,培育十家国际领先的大数据核心龙头企业和 500 家大数据应用及服务企业,建设 10~15 个大数据综合试验区等。随后交通运输部、国土资源部等部委纷纷出台部门内部数据资源共享、大数据应用的办法和意见。

2017 年 10 月,党的十九大报告对大数据发展提出了新的目标导向,认为大数据要与实体经济深度融合,为加快制造强国建设提供助力。同年 12 月,习近平总书记在主持中共中央政治局就实施国家大数据战略进行第二次集体学习时提出,以数据为纽带促进产学研深度融合,形成数据驱动型创新体系和发展模式，并提出要构建数据为关键要素的数字经济，将推动大数据战略的实施着力点从聚焦政府数据开放、大数据产业发展扩展到数据要素层面。2018 年，工信部出台《推动企业上云实施指南（2018-2020 年）》，鼓励企业利用云计算平台使用大数据、物联网、人工智能、区块链等新技术；同年，浙江省、河南省、山西省、福建省、上海市相继发布推动"企业上云"的计划，大数据的应用场景和发展均有明确的规划。

（三）数据要素市场建设期（2019 年至今）

自数据要素这一概念提出以来，国家政策层面对数据要素的关注超过了对大数据概念的挖掘。数据要素成为发展数字经济的关键，国家和地方政府也将政策着力点转向解决制约数据要素流通的各项问题，在激发数据要素活力的同时完善大数据产业生态。

2019 年，党的十九届四中全会审议通过《中共中央关于坚持和完善中国特色社会主义制度推进国家治理体系和治理能力现代化若干重大问题的决定》，将数据与劳动、资本、土地、知识、技术、管理并列，将其作为生产要素。2020 年 3 月，《中共中央　国务院关于构建更加完善的要素市场化配置体制机制的意见》明确了数据要素的地位，并从推进政府数据开放共享、提升社会数据资源价值、加强数据资源整合和安全保护三个方面对加快培育数据要素市场的途径进行说明。2020 年 5 月，《中共中央　国务院关于新时代加快完善社会主义市场经济体制的意见》提出"建立数据资源清单管理机制，完善数据权属界定、开放共享、交易流通等标准和措施"，将数据要素市场培育的重点难点进行了清晰的说明。2021 年 1 月，中共中央办公厅、国务院办公厅印发了《建设高标准市场体系行动方案》，提出"建立数据资源产权、交易流通、跨境传输和安全等基础制度和标准规范",并要求制定出台新一批数据共享责任清单。2021年3月,《中华人民共和国国民经济和社会发展第十四个五年规划和2035年远景目标纲要》不仅将大数据作为数字经济的重点产业进行规划,还提出了数据开放、建设算力中心等其他配套规划,完善大数据产业生态的构建。2021年11月,工业和信息化部印发《"十四五"大数据产业发展规划》,将"加快培育数据要素市场"作为主要任务之首,并根据大数据的"大体量""多样性""时效性""高质量""高价值"的特性进行应用场景和功能规划。2022年1月,国务院办公厅发布《要素市场化配置综合改革试点总体方案》,强调数据流通规则的建立,并提出探索数据资产化服务,将数据要素的价值持续推进;同年,国家发展与改革委员会发布了《"十四五"数字经济发展规划》,提到数据要素是数字经济深化发展的核心引擎,除了推进数字经济核心产业发展之外,还坚持数字经济与实体经济深度融合为主线。2022年12月,《中共中央　国务院关于构建数据基础制度更好发挥数据要素作用的意见》正式发布,从产权、流通和交易、收益分配和治理四个方面对制约数据要素发挥价值的制度安排进行说明。国家对数据要素的重视也促使政府机构进行重组,2023年3月,中共中央、国务院印发《党和国家机构改革方案》,提出组建国家数据局;国家数据局于2023年10月25日正式揭牌,负责协调推进数据基础制度建设,统筹数据资源整合共享和开发利用,统筹推进数字中国、数字经济、数字社会规划和建设等。在国家大数据战略向数据要素转向之际,各省份的大数据战略布局重点也随之发生变化,各地也相继出台了一系列激活数据要素价值、促进要素市场培育的政策,大数据产业生态的构建也由产业培育转向深层次的制度改革层面。

二、贵州抢占大数据发展先机

（一）贵州对大数据产业的布局规划

贵州是全国最早实施大数据战略的省份，贵州在大数据产业布局规划和政策探索的部分领域，一直走在全国前列；其对大数据产业投入的政策资源也促使大数据产业成为推动贵州走新型工业化道路的关键。

2014 年，贵州率先出台《关于加快大数据产业发展及应用若干政策的意见》《贵州省大数据产业发展应用规划纲要（2014—2020 年）》，将大数据产业作为培育和壮大贵州省战略性新兴产业的有效途径，并将产业发展重点聚焦在采集、存储、分析服务企业和软硬件配套领域，以大数据发展推动工业化进程。随后，贵州省在同年颁布的《贵州省人民政府关于加强城市基础设施建设的实施意见》中专门提到建成"智慧城市"的支撑架构，并开始实施"宽带贵州"行动。2016 年 1 月，贵州出台《贵州省大数据发展应用促进条例》，明确指出对于大数据发展给予税收、人才等各类优惠，并规定县级以上政府可以确定当地大数据发展应用的重点领域、确定人才引进培养计划，并优先为大数据产业配置相应的土地规划。2016 年 2 月，贵州获批建设全国首个国家大数据综合试验区——大数据（贵州）综合试验区，对数据资源的管理和开放等进行探索。为了补齐大数据产业生态方面的工业化短板，2018 年 8 月，贵州省人民政府发布《贵州省推动大数据与工业深度融合发展工业互联网实施方案》，围绕工业互联网产业链进行招商，并推动企业上云工作。2020 年 10 月，贵州在全国两化融合暨工业互联网平台大会上发布《贵州省大数据与实体经济深度融合实施指南》，对贵州促进大数据和实体经济融合的经验和做法进行了总结。2020 年 12 月 1 日，《贵州省政府数据共享开放条例》正式施行，成为首部地方省级政府层面政府数据开放共享的地方法规。2021年12月，贵州省大数据发展领导小组办公室印发《贵州省"十四五"数字经济发展规划》，系统谋划了"5+2+2"任务框架，即"数字产业化、产业数字化、数字化治理、数字经济创新、数字合作交流"五大发展方向；数据价值化探索、数字基础设施建设两大支撑；数字经济人才队伍建设及强化大数据安全两大发展保障。

除了在政策方面"抢新机"之外，贵州省对大数据的政府治理、数据交易层面的探索也走在全国前列，具有多个全国"首位"。2015年4月，贵州省成立了全国首家以大数据命名的交易所——贵阳大数据交易所。2017年2月，贵州省成立贵州省大数据发展管理局，这是全国首个省属大数据管理机构；全国首个大数据标准化技术委员会，即贵州省大数据标准化技术委员会也在该月成立。2017年5月，贵阳市成为全国首个政府数据共享解决方案的城市。2017年12月，贵州获批全国首批建设社会信用体系与大数据融合发展试点省，以打造"诚信贵州"、构建和谐社会为主线，进一步建设"贵州信用云"。2019年1月，贵州省成为全国首个所有地市州实现5G试商用的省份；同年5月，全国首个运用大数据服务民生的政府数据平台"一云一网一平台"正式启用。2022年1月，国发〔2022〕2号文件明确了贵州省"数字经济发展创新区"的战略定位，以创新数据要素高效配置和一体化算力网络国家枢纽节点建设为重点，继续探索新发展时期的大数据发展战略。

（二）贵安新区在抢先机战略中的核心作用

贵安新区是2014年成立的国家级新区，也是贵州大数据战略中重要的区域核心，贵州省的大数据战略很多是围绕贵安新区进行布局。2021年，《贵州省"十四五"数字经济发展规划》中明确提出"以贵阳贵安为核心，统筹区域发展和空间布局，引导省内其他地区错位互补、协同发展，形成'一核引领、两带协同、多点支撑'的数字经济发展布局"。在贵州获批建设全国一体化算力网络国家（贵州）枢纽节点之后，贵安新区承担全国一体化算力网络国家（贵州）主枢纽中心项目。在完善大数据产业生态方面，贵安新区也通过政策牵引不断探索适合数字经济发展的路径。2015年，贵安新区成立之初就对园区产业发展有较为详细的规划，分为大数据产业孵化园、贵安云谷等专门的大数据产业园区的规划设计。为了吸引大数据企业入驻园区，贵安新区2015年、2016年相继出台了《贵州贵安创客投资基金管理办法（试行）》《贵安新区春蕾行动计划》《贵安新区直管区企业入驻标准厂房优惠政策》《贵安新区关于扶持花溪大学城清镇职教城大学生在贵安新区创新创业落户若干政策措施（试行）》等政策，虽然部分政策目前已经废止，但是对于当时大数据企业入驻、产业生态培育、人才吸引等均有较大的力度。例如，在厂房优惠政策方面，对年缴纳税或年销售收入达到一定金额的企业给予连续五年的租金补贴，大大降低了企业的运营成本。2018年，贵安新区出台《贵安新区关于鼓励入驻已建数据中心实施办法》，对采取托管或租赁方式使用贵安新区已建数据中心资源的企事业单位进行贡献奖励、人才支持、创新平台支持、租金补贴等，持续优化对大数据产业生态的政策凝聚力。2020年，贵安新区发布《贵安新区支持大数据应用与创新十条政策措施》，分层次、分类别深化对大数据创新企业的补贴和支持力度，从办公入驻、融资、运营到人才、租房、购房等方方面面进行了详细的补贴规定，为聚集数字经济优势资源、建设区域核心提供源源不断的政策红利。

（三）贵安新区对数据宝的政策扶持

数据宝入驻贵安新区即赶上贵州省和贵安新区大数据产业培育壮大的政

策浪潮，得到贵安新区资金、土地、市场培育等各方面地方政策的大力支持。

在资金方面，贵安新区对数据宝既有直接的资金支持，也有间接的金融贷款支持。贵安新区多次通过投资入股等方式直接为数据宝直接提供资金：2016 年 8 月贵安新区新兴产业发展基金、2021 年鲲鹏基金、2022 年贵州省创新赋能大数据投资基金，这些投资基金缓解了数据宝业务发展对资金需求的压力。在间接贷款方面，贵安新区出台的一系列激励政策，使得金融机构能够放心大胆地支持数据宝，如贵安新区设立大数据中小企业贷款风险补偿资金池，对金融机构向区内大数据技术创新企业提供贷款发生损失的，经认证给予本金损失补助，降低了金融机构贷款给中小微企业的风险；同时也设置了一系列的激励措施，如建立金融服务机构奖励制度，对经评选的优秀金融服务机构给予奖励。

在土地使用方面，贵安新区给予数据宝办公场地、办公设备等一系列支持。贵安新区规定，入驻企业租用经认定的新区物业供应商提供的办公物业，根据业务特点和实际需求给予补贴，数据宝在隶属贵安新区的花溪大学城入驻，利用贵州轻工业职业技术学院的办公楼进行办公，即是受惠于这一规定。贵安新区还设置了办公设备购置补贴、办公宽带业务补贴、用电补贴，给予公司用车号牌指标，对入驻企业的员工租赁和购买住房也有一定的补贴，这些措施为数据宝顺利入驻贵安新区和人员招聘提供了便利。

在企业培育方面，贵安新区规定，凡政府投资、特许经营项目和政府采购，在同等条件下鼓励使用贵安新区入驻企业提供的产品和服务；对于园区企业申请的发明专利和软件著作给予一定的奖励。根据此规定，数据宝申请了多项发明专利，并多次获得贵安新区的重点扶持，例如：2019 年 12 月数据宝入选贵安新区首批"大数据小巨人企业"；2020 年 3 月数据宝入选贵州省大数据"百企引领"示范企业名单；2022 年 12 月数据宝进入贵州省 2022 年专精特新"小巨人"企业遴选名单，这也是贵安新区申报的唯一入选企业。

通过梳理贵安新区对数据宝的支持措施和历程，可以看到我国地方政府培育壮大战略性产业集群的典型做法。这也是有效市场和有为政府相结合的生动写照，更是贵州省抢占数字经济发展新机、发展先机的缩影。

第二节　成长密码之内在基因

一、清晰的行业定位

（一）聚焦国有数据领域

如今，数字经济已成为经济增长的新动能，数据成为数字经济的基本生产要素。其中，公共数据被作为重要数据资源。据了解，我国公共数据（国有数据）占数据总量的比重高达 80% 左右。数据宝聚焦国有数据领域，直连超过 50 多家国有数据资源方（部委厅局、央企、地市国企等），数据覆盖人、车、企、路、环、能六大维度，基于上千 PB 量级的海量数据，实现了近 300 个场景的落地应用，数据产品深度应用到 AI、金融、保险、物流、汽车、互联网、政务等领域，为更多产业提供坚实、可靠、海量、权威的数据支持。

数据宝公司专注于国有数据领域，得益于政府监管与合作。与政府合作赋予公司合法访问与数据共享机会，确保业务合规。国有数据经权威机构验证，具有较高可靠性，降低商业决策风险。专注国有数据有助于公司建立竞争优势，有效分析和应用可提供独特产品与服务，突出市场地位。公共数据授权经营是数据要素市场建设的重要组成部分，数据宝公司聚焦于国有数据加工分析和代运营，致力于满足发挥公共数据价值，满足市场需求，前景广阔。

数据宝公司聚焦国有数据领域，追求深远意义。此战略选择不仅造福公司，还促进社会、政府与全球经济的可持续发展。数据作为无可替代的资产，公司专注国有数据领域助力塑造未来数据驱动决策。在提高竞争力的同时，推动全球商业迈向更广泛的数据驱动文化。数据宝公司业务聚焦国有数据领域解决社会问题，应用数据解决医疗、环境、教育等领域挑战，促进社会改善。业务活动有助于经济增长，与政府机构、研究机构和企业合作推动数据相关产业发展，创造就业机会，增加生产力。聚焦国有数据是数据宝公司参与国家数据资源改进，履行社会责任，为社会与经济可持续发展做贡献的重要路径。

（二）实施代运营模式

2022年12月，《中共中央 国务院关于构建数据基础制度更好发挥数据要素作用的意见》发布，提出在保障安全前提下，推动数据处理者依法依规对原始数据进行开发利用，支持数据处理者依法依规行使数据应用相关权利，促进数据使用价值复用与充分利用，促进数据使用权交换和市场化流通。审慎对待原始数据的流转交易行为。在当前数据产权并不明确的情况下，数据宝回避了数据的所有权问题，转而实施代运营模式，这也是数据宝成功的密码之一。

在数字时代，数据已经成为企业运营的关键要素，但随之而来的问题是，数据的所有权常常不清晰。这可能是因为数据涉及多方合作、外包和第三方供应商等情况，导致数据的真正所有者难以确定。数据宝意识到这一问题，决定不把焦点放在数据所有权的争夺上，而是采取了代运营模式。

代运营模式的核心思想是，数据宝充当数据的第三方服务商，为数据所有者和数据使用者提供服务，而不必争夺数据的所有权。这种模式的关键是数据宝提供了有效的数据管理和分析解决方案，以帮助数据所有者更好地利用其数据资产。这对于数据所有者来说具有巨大的吸引力，因为他们可以保持数据的实际所有权，同时获得数据宝的专业支持和技术能力。

代运营模式的一个明显优势是有助于降低数据争夺的法律风险。在争夺数据所有权的过程中，不明确的数据所有权可能会导致法律纠纷和诉讼，这将耗费公司宝贵的时间和资源。数据宝通过代运营模式，不仅节省了法律费用，还减少了相关法律风险，使数据宝能够专注于提供高质量的数据服务。

此外，代运营模式还有助于数据宝建立广泛的数据生态系统。通过与各种数据所有者建立合作关系，数据宝能够访问各种不同领域的数据，使其可以提供多样化的数据服务，满足不同客户的需求。这有助于数据宝降低市场风险，因为其不依赖于单一数据源，而是可以从多个数据源中受益。这也有助于数据宝建立更广泛的客户基础，因为其可以服务于各种不同行业和部门的客户。

总的来说，数据宝因采用了代运营模式，而不是争夺数据所有权，这种模式使其能够更好地适应不明确数据所有权的现实，降低法律风险，建立广泛的数据生态系统，提供更大的灵活性，控制数据质量，降低市场准入障碍。代运营模式为数据宝提供了竞争优势，使其成为数据服务领域的领军企业。这一成功经验也为其他公司提供了有益启示，特别是在数据领域，寻找创新的商业模式,以在竞争激烈的市场中脱颖而出。

(三)深耕数据全产业链

当前,数据要素领域存在诸多痛点:一是数据共享难,各部门数据基础现状复杂,整合困难,权力归属与流通风险衍生安全担忧;二是数据变现难,供需双方信息不对称,数据价值场景挖掘不落地,从数据要素到变现商品缺乏市场化经验;三是数据治理难,基于数据治理本身,缺少领域专业引导和面向市场化的治理框架;四是数据流通难,主体安全、技术保障、过程监管缺乏系统性保障,合法合规的规模化流通缺乏有效支撑。

基于以上痛点,数据宝提出了数据要素市场化全生命周期解决方案,深耕数据全产业链,具体包括数据治理智能化、建模加工积木化、流通交易合规化、场景应用商品化,从顶层规划、建设运营、场景打造、产业集聚等方面,为国家、部委、省市及各地方政府进行省部数据要素融合,打通数据"孤岛"、构建数据资产、生产数据产品、打造数据应用场景、构建交易场所、盘活政务数据资源。这也是数据宝成功的内在基因之一。

二、坚定的数据理念

(一)归集时确认数据权属

《中共中央 国务院关于构建数据基础制度更好发挥数据要素的意见》("数据二十条")指出,根据数据来源和数据生成特征,分别界定数据生产、流通、使用过程中各参与方享有的合法权利,建立数据资源持有权、数据加工使用权、数据产品经营权等分置的产权运行机制。在"数据二十条"出台之前,数据宝就已践行数据权属分离的原则。数据宝通过链接国有数据的方式获得数据,在归集时明确不拥有数据所有权,只具有数据加工使用权、数据产品经营权。这样可以确保数据宝获取数据的方式合法合规，有助于建立可持续的数据获取和使用模式，减少法律风险。数据宝明确其只具有数据加工使用权和数据产品经营权，而不拥有数据所有权，这使其能够专注于数据的加工、分析，创造有价值的数据产品，而不必担心数据所有权问题。综合来看，数据宝业务的不断扩大可以归因于其对合法数据获取和使用的明智管理。这种合法权利分置的产权运行机制可以使数据宝得到更多的数据资源方的肯定，提供了其在数据领域蓬勃发展的机会。

（二）使用中保障数据安全

数据安全是数据经济产业的基石。数据要素领域应该兼顾数据安全与数据流通，其中数据安全是数据流通的基础，即在数据安全和保护个人隐私的前提下，促进数据要素的充分流通和汇聚，最大限度实现价值发挥和风险规避的有机统一。数据宝采取一系列措施，在使用中保障数据安全，并兼顾安全与成本的平衡，这也是数据宝不断发展壮大的内在基因之一。

（三）流通时实现数据价值

数据只有流动起来，才能产生价值。数据宝的使命是激活国有数据价值，促进行业合法合规发展。数据宝强调数据的流动，在数据的获取、共享和方面采取了积极的立场，这有助于创造更多的商机和生态系统，加速数据的应用和创新。数据宝明确提出了合法合规的发展方向，意味着在数据采集和使用方面遵循法规和政策，减少了法律风险，增强了可持续性。数据宝鼓励数据的共享和可访问性。这可以帮助其建立合作伙伴关系，加速数据的流通，从而创造更多机会。综合来看，"数据宝模式"能持续发展的原因在于其坚守明确的使命，专注于数据的价值、流动和合法合规发展，以及积极参与行业引导，这些因素使其能够在数据领域取得成功并引领行业发展。

三、先进的管理方法

（一）向党学管理

数据宝学习华为等企业先进的管理方法，在经营管理中充分实践，并将其命名为"向党学管理""向先进企业学管理"的管理模式。具体来说，数据宝学习中国共产党的先进管理方法，在日常管理和业务推进中广泛采用"三三制"原则，通过员工代表大会制度和民主集中制的安排，尽可能地使决策和业务推进得到2/3以上成员的同意，保证决策的合理性。在"向先进企业学管理"方面，数据宝学习华为的"轮值CEO"方式，并在"三三制"原则下进行了改进，设置由三名经营管理委员组成的"轮值CEO"小组，每季度从中选择一名委员作为轮值CEO组长负责公司日常的管理工作。数据宝在日常管理实践中，也会根据暴露出的问题适时调整管理方法，不断在决策效率与决策科学、战略稳定与组织发展中谋求最优解，为数据宝培育不断向前发展的内生动力。

专栏一：数据宝的"三三制"原则

"三三制"是数据宝向党学管理的典型，数据宝将这一原则充分运用在日常管理和业务拓展中。

"三三制"原则的典型体现：一是"轮值CEO"制度；二是EMT管理委员制度；三是员工代表大会制度。专栏二详细介绍"轮值CEO"制度，本专栏只介绍员工代表大会制度。数据宝采用员工代表大会制的初衷，是为了在管理层和基层之间建立能够综合反映不同部门、不同层级问题的桥梁，在组织结构扁平化中探索能够及时发现公司运营问题、培养管理人才。这就需要找到一种既可以及时发现问题，又能够有效地解决问题并且能够反映多数人心声、凝聚大多数人共识的制度。于是，数据宝学习我国的人民代表大会制度，组建了公司的员工代表大会。员工代表大会由36位员工代表组成，分为3个小组，每个小组12人，涵盖不同的业务部门，分组时尽量保证组内成员来源部门、层级的多元化。员工代表每年选举一次，每个年度召开一次代表大会，专门商讨公司的发展事宜。数据宝的员工代表大会也需要每位代表将问题整理为提案，并将这些提案在代表大会上进行讨论。最开始，数据宝在实行员工代表大会制度时每年提交的提案数量很多，确实起到了发现公司各类问题的作用，但是同时也给管理层解决问题带来了困难。于是，数据宝又适时改进了员工代表大会制度，一是深入贯彻"三三制"原则，改进提案提交办法，将提案先在小组内进行讨论，得到小组内2/3以上组员同意的提案，才可以进入下一轮大会讨论，并对每个小组可以提交的提案最高数量进行规定，这样保证大会讨论的提案均是公司当前阶段必须解决的重要问题。二是要求每名代表在提出各类问题的同时必须配备有解决之道，这样便于锻炼员工代表处理问题的能力，也便于高层管理人员在得知提案提到的问题时有基本的应对方法，能够为管理层快速解决问题提供参考。经过改进后的员工代表大会制受到公司内各层级的好评，经过几年的实践与运行，员工代表大会制度已经成为数据宝在管理中发现问题、解决问题的有效制度。

数据宝还将"三三制"贯彻到公司的具体业务中。数据宝在开拓市场、满足客户需求时，仍然是采用"三三制"的部门结构进行业务配合。

例如，数据宝在开展对政府部门的推广业务时，会采取"销售+授权+客服"的组合形式，即由市场部、安全部、后勤保障部三个业务职能的员工团队进行配合；当进入产品交付阶段，则会采取"商务+产品+项目"的组合形式，即需要市场部、公共关系部、技术部和后勤保障部门的员工团队进行配合。这样的组合形式使得数据宝能够充分发挥不同职能部门员工的专业属性，同时也能在产品开发方面能够更好地满足客户的需求，还可以为不同职能的员工提供接触不同业务的机会，锻炼团队的凝聚力。

专栏二：数据宝的"轮值CEO"制度

"轮值CEO"是华为的首创，由8位高管轮流出任公司的CEO，每人轮值半年，已经成为华为较为固定的管理方式。数据宝学习了这一模式，并与"三三制"进行结合。数据宝成立了一个由3名高管组成的轮值CEO执委会，每个季度从中选择一位执委会委员担任轮值CEO季度组长。在处理具体事务上实行"三三制"和"民主集中制"，即业务和流程处理需要2/3的执委会委员同意。为了保证决策的效率，有些非重大事务直接由执委会的组长决定通过；如果轮值的季度组长因为其他事务没能及时处理某些事务，则会顺延至其他两位执委会委员进行讨论处理。由于执委会3位委员是来自不同业务条线的高管，公司为了保证其原本负责的业务条线的稳定性，会为3位执委会委员分别配备1名助理，由助理协助原本负责的管理工作。除了轮值CEO执委会外，数据宝还专门选拔了4名管理委员帮助辅助执委会工作，为这些高管熟悉轮值CEO执委会提供了学习的机会，也为下一轮执委会人选选择提供了储备力量。由轮值CEO执委会和4位管理委员形成的7人的领导班子，既需要对董事会负责，也需要对员工代表大会负责，起到上传下达、战略推动的作用。虽然轮值CEO执委会的委员延续了华为每半年改选一位的模式，但是为了保证公司战略运行和执行的稳定性，执委会委员不会同时轮换，尽量保持在两年内至少有1位老执委会委员在轮值CEO执委会中。

通过数据宝三年来轮值CEO运行实际来看，数据宝的轮值CEO模式在一些重大事务的处理中有显著的作用。数据宝采取改进后的"轮值CEO"方式是基于业务模式、组织架构的考虑：一方面，数据宝的业务模式主要分为技术类、市场类和综合后勤类三种，三种业务具有较高的专业度，能够对三类业务的管理均得心应手的管理者数量较少，因此需要从不同业务门类中选择管理者作为轮值CEO执委会委员，防止公司管理的偏颇；另一方面，数据宝作为处于成长期的公司，管理层级要尽量扁平化，在保持最优的管理幅度的同时还对管理的质量有一定要求。数据宝采取此模式，也是在组织的高效与稳定、革新与延续中寻求一个平衡，并通过此方式培养熟悉不同部门业务的管理人员，为公司长久发展提供高级管理人才储备。

（二）本土化管理

数据宝的成功原因之一可以追溯到其独特的组织结构，即双总部模式，这种模式在很大程度上体现了本土化管理的集中。双总部模式是一种组织结构模式，通过在一个企业中设立两个总部，实现了跨地理区域的管理和资源整合。对于数据宝来说，其总部分别位于贵州省的贵安新区和上海市。这一模式的选择不仅有助于充分利用不同地区的资源，而且体现了企业的本土化管理意识。

在贵州省贵安新区设立总部，为数据宝提供了本土化管理的基础。贵州省是国家大数据综合试验区，具有丰富的数据资源和支持政策。通过在这里设立总部，数据宝能够更好地接入当地的大数据资源，与政府合作，获得政策支持，并建立更紧密的本土化关系。这种本土化管理有助于数据宝更好地理解和满足当地客户的需求，以及更好地适应当地的商业环境。

双总部模式的另一个优点是有助于降低风险。在一个地区设立总部可能会使企业对地方性的风险更为敏感，如政策变化、自然灾害等。然而，通过在不同地区设立总部，数据宝能够分散风险，降低对单一地区的依赖性。这种多中心结构使公司更具韧性，可以更好地应对各种挑战。此外，双总部模式还有助于建立更广泛的合作网络。通过在不同地区设立总部，数据宝能够与不同地区的政府、企业和研究机构建立合作伙伴关系。这有助于拓展业务范围，开发新的市场机会，并获取更多的资源和支持。这种合作网络有助于加速公司的增长，使其更具竞争力。

（三）组合化管理

数据宝在具体业务开展中采取组合式的管理方式，并配备了相应的绩效管理方法，使不同部门的员工全身心投入到项目中。具体来说，组合式的管理方式也被数据宝称为"虚实结合"的管理方法，即每一个员工隶属于一个实际职能部门，但是在推进项目时，又可以隶属不同的项目小组，即"虚职"部门。为了合理反映每名员工在部门和项目中的贡献，数据宝在核算绩效时采取了实职部门和虚职部门共同打分的方法，首先核算员工在实职部门和不同项目中占用工时的多少，将其作为一个基本的乘数；其次由不同部门和项目的领导对员工的表现进行打分；最后结合乘数进行加总。通过乘数制的多维度评价方法，可以较为科学地评估员工的表现，使得每一个员工可以放心地参与不同类型的项目，在一个个项目中锻炼自己的能力，也使得公司可以在不同的项目中发现和培养管理人才，并能够灵活、合理地根据项目的大小、进程配置员工资源。

第三节　成长密码之融合发展

党的二十大报告提出，要"加快发展数字经济，促进数字经济和实体经济深度融合"，为数字企业发展提供了根本导向。一方面，随着我国进入产业升级的关键期，对构建现代化产业体系、实现高质量发展的要求更为迫切；另一方面，在数字技术的支撑下，数据要素可以作为关键生产要素赋能实体经济，促进实体经济提质增效。这也对大数据企业的业务形式、组织形式提出了更高的要求，一方面要融入数字产业化的浪潮，夯实数字经济发展的技术根基和创新生态；另一方面要扩大产业数字化的广度、深度，对传统产业进行赋能改造。数据宝的发展顺应了数实融合的大趋势，通过构建融合化的业务生态提升了企业抵抗风险的能力，并在业务发展中不断调整管理方式，使得管理模式也具有知识融合、技术融合的特色，探索出独特的企业发展模式。

一、融合化的业务方式

为了构建更为稳固、共赢的生态圈，数据宝打通了产品融合、政策融合、区域融合、生态融合的难点、堵点，通过企业发展与用户发展相融合、本土发展与国家战略发展相融合、在地发展与共生发展相融合的形式扩大业务范围，创新实践数据要素赋能实体经济的路径。

（一）企业发展与用户发展相融合

业务是企业生存和发展的命脉，数据宝将自身发展与上下游客户深度绑定，通过促进上下游客户的发展不断提升自身的技术和创新实力。

一是数据宝通过与下游企业的合作不断提升产品和技术的创新程度。数据宝最早开展交通大数据产品的业务，初期开发的数据产品仅涉及与运输企业、车辆保险企业的相关业务，如高速返程空驶率、高速载重等数据产品，积累了大量针对交通数据产品的开发和用途经验。通过服务各行业用户，数据宝对数据产品的理解更加深入，能够在短时间内形成响应不同需求的数据产品，并通过将不同细分场景的数据产品整合，使之可以覆盖到场景更为复杂、更加集成的领域，如智慧物流园区、数字化工厂管理等。通过场景和数据产品的融合化不断释放数据价值，提升数据产品的创新力。

二是利用上下游产业链积极构建技术和创新联盟。在发展中，数据宝将自身发展与上下游客户发展深度绑定，构建了更具有共生性的联盟生态。在此基础上，数据宝还与不同领域的用户企业构建具有协作性、共生性的产业联盟，降低企业的业务风险。例如，数据宝积极参与中国物流与采购联合会的工作，以此构建交通物流领域的产业生态。数据宝还通过资金入股和战略合作等形式与政府、企业、科研院所展开合作，不断提升企业的资金和技术安全底线。例如，数据宝在 2016 年就获得贵安新区（产业基金）、工业和信息化部电子第一研究所（全资子公司）的入股，后又分别于 2018 年、2021年、2022 年、2024 年相继吸收海尔资本、鲲鹏基金、贵州省大数据基金、科创城产业基金入股，使股东构成更加多元化。

（二）本土发展与国家战略发展相融合

数据宝不仅与贵州大数据产业同频共振，在业务发展方面也与国家大战略保持一致。

一是响应国家"西部大开发"和"东数西算"战略，扩大在中西部地区的业务版图。数据宝的发展理念始终立足于国家发展之上，企业战略安排也依托于国家的大政方针。自数据宝入驻贵安新区以来，积极在中西部省份开展业务布局。2020年6月，数据宝中标广西经济社会云大数据交易中心项目，利用自身开发的政务大数据解决方案帮助广西进行政务大数据的开发和管理工作。2021年11月，数据宝与广西大数据发展局签署战略合作协议，助力广西数字政府建设。2022年初，在湖南大数据交易所正式成立后不久，数据宝即成为该交易所合作伙伴。目前，数据宝在湖南大数据交易所上线的数据产品达100多个。2021年5月，《全国一体化大数据中心协同创新体系算力枢纽实施方案》明确提出实施"东数西算"工程，数据宝积极响应国家战略号召，持续加大对贵州、广西的投资力度，并通过参加服贸会、云栖大会等多种形式传播自身的数据理念。

二是响应国家发展职业教育的规划，并在贵州积极实践。数据宝2016年4月在贵安新区成立，当年7月就与贵州轻工业职业技术学院展开合作，联合贵州师范大学成立了"产学研"基地。数据宝在贵安新区的办公地址也设置在贵州轻工业职业技术学院内，合作之初就开设了初级人才培训班，2019年又开设"大数据定向班（数据宝班）"，由数据宝的工作人员担任讲师，并为学生提供每周三天以上的实习。2021年，数据宝与贵州轻工业职业技术学院等单位联合完成的"面向区域战略性新兴产业，高素质大数据技术技能人才培养的探索和实践"项目，被贵州省教育厅授予2021年贵州省职业教育省级教学成果奖一等奖。数据宝借由校企合作也为自身在贵州培育人才、选拔人才拓宽了渠道，并且这种良性循环的合作办学模式也为职业教育发展提供了经验参考。

（三）在地发展与共生发展相融合

数据宝在贵州的业务发展不仅仅是利用贵州省、贵安新区较为优惠的政策条件，而是尽可能打造完善的"政产学研用"循环的大数据产业生态，实现贵州省内上下游产业链的协同共生。

一是数据宝与科研院所展开合作，促进产学研深度融合。数据宝落地贵州以来，积极与各地科研院所开展合作，除了长期与贵州轻工业职业技术学院进行职业教育合作之外，数据宝还与贵州师范大学、贵州大学等贵州本地院校进行合作，通过设置技术项目课题，开设大数据研究生工作站、博士生工作站等形式，深度参与贵州本土大数据专业人才的培养工作。数据宝还利用华东地区渠道部的区位优势，与上海交通大学、南京大学等院校展开合作交流，为数据宝聚合知识资源、拓宽技术和人才供给渠道。

二是数据宝强化与当地企业的合作关系，打造在地产业联盟。数据宝不仅致力于自身的发展，还借助所处行业供应链的位置整合企业的资源，扩充贵州省内的"朋友圈"。依托代持有国有通行大数据的资源优势，2020 年，数据宝与物流龙头企业满帮集团共建物流可信系统，在贵州落地实施交通大数据产品；2023 年 2 月，数据宝加入中国物流与采购联合会并成为副会长单位，继续扩大自身在交通物流领域的影响力；2023 年 4 月，数据宝与贵安新区产业发展控股集团有限公司签署战略合作协议，根据协议，双方将围绕实施数字产业业强链行动，为持续推动贵安新区大数据产业协同发展提供样板。

二、融合化的管理方式

数据宝的管理方式也顺应了融合化的业务方式，将管理模式进一步升级。数据宝通过融合化的管理模式，将东部先进经验与西部人才资源连接起来，实现了地域连通、经验互通。数据宝在本土化发展的同时，能够通过产业联盟的形式学习东部地区先进的经验，避免闭门造车、故步自封。随着人工智能技术的广泛应用，数据宝也能够在管理中及时采用智能化的管理工具，升级管理方式和流程。

（一）"东智西用"与"东师西育"相融合

双总部模式的数据宝，在人才培育方面采用了东西结合的方式。众所周知，东部沿海地区经济基础较好，提供的创新性岗位较多，能够支付的工资报酬也较高，很多创新人才在东部地区集聚，尤其是年轻人可以通过实习、工作接触更为先进的技术和理念，从而具备较高的生产效率和创造力；但是东部地区也存在生活成本较高、用人成本逐年加大的特点，成为创新性企业发展壮大的壁垒。西部欠发达地区虽然人力资源丰富，但是经济基础薄弱，能够提供的创新型行业的岗位数量明显少于东部地区，使得西部欠发达地区的年轻人在视野、创新水平提升方面落后于同期东部地区的年轻人。数据宝为了更好地利用西部地区综合用人成本较低的优势，采取了"东智西用"与"东师西育"两大管理方式，通过地域融合性提升企业的创新能力。

一是通过"东智西用"优化企业的管理架构。为了充分发挥双总部优势，数据宝在管理架构中充分考虑到上海和盐城的人员对贵州总部的带动作用。在数据宝的组织架构中，一级部门资源中心下面设置了三个二级部门，分别是上海渠道部、盐城渠道部和贵州渠道部，在重要的业务管理和培训中，会充分利用双总部和多家分公司的组织架构，安排东部地区的员工定期到贵州进行业务指导，或者在贵州分部进行挂职。这种组织模式充分利用了东部地区的人才经验，并且对贵州总部相同岗位的人才的视野、经验有明显的提升作用。此外，随着近年来东部人才开始向中西部地区回流，数据宝在招聘时，也会重点关注在东部发达地区具有工作经验或是实习经验的本地人才，给他们提供在贵州较有竞争力的薪酬和待遇，以此直接提升企业的人才储备。

二是采取"东师西育"模式持续提升企业的人才质量。除了直接利用东部地区的人才资源，为了持续提升人才储备的质量和水平，数据宝从源头着手，2016年7月与贵州师范大学、贵州轻工业职业技术学院联合成立大数据"产学研"基地，不仅提供实习岗位，而且提供优秀的教师指导。数据宝的贵州总部位于花溪大学城贵州轻工职业技术学院内，已经和该校开展了持续数年的长期合作，两者联合举办大数据人才培训班，专门培训大数据分析、大数据挖掘等技术，并且还会组织东部地区的员工参与指导教学。数据宝不仅为该校的学生提供培训、实习的机会，还在招聘中优先录取在实习中表现较好的学生，实现企业与院校的人才培育模式的良性循环。

（二）本地企业与产业联盟相融合

一个企业要做强做优做大，不能仅仅依靠自身的力量，还需要在一个具有创新氛围中不断学习同类型企业的先进经验。自成立以来，数据宝采取了深度构建和参与产业联盟的方式，对外输出数据宝的行业经验和观点，提升数据宝在业内的影响力，与联盟企业实现合作共赢。

2018年，数据宝受邀加入上海大数据联盟，成为联盟单位，数据宝积极融入长三角地区大数据产业生态，通过积极参与发达地区产业联盟掌握业内最新动态。同年，数据宝入股运营华东江苏大数据交易中心，帮助该中心定期举办会员企业的交流活动。在数据宝的运营下，华东江苏大数据交易中心于 2023 年 6 月 10 日借助"全国中小企业数智化发展大会"的契机发起成立"中小企业数字化服务全国联盟"，通过搭建全国中小企业数字化转型公共服务平台对外赋能，持续扩大数据宝在产业的影响力。2023 年 9 月 1 日，数据宝参加由人民网·人民数据主办的"数据要素发展座谈会暨数据要素公共服务平台上线仪式"活动，在此次会议中，人民数据联合数据宝、华东江苏大数据交易中心、中国电信、湖北数据集团（湖北省数据交易所筹）、浙江大数据交易中心、郑州数据交易中心、青岛大数据交易中心等 10 家单位共同发起成立"数据要素联盟"，旨在推动数据基础制度建设，助力数据确权流通。此外，数据宝多年来持续参加数博会，并主办释放国有数据价值等相关议题的论坛活动，不仅深化和扩展大数据行业的技术知识，而且在与同行业企业的直接对比中找到自身的发展优势。

（三）现代管理与人工智能相融合

数据宝作为一家大数据企业，对人工智能技术的使用具有先天优势，因此其内部的管理模式也向人工智能方向转型，率先进行企业内部的数字化转型。一是数字化办公方面，数据宝利用数字技术逐步向智能化办公演化。数据宝除了为每名员工配备电脑、利用办公软件进行日常管理之外，还使用了很多人工智能技术和软件进行业务安排。例如，数据宝已经将生成式人工智能技术运用到平时的文字编辑工作中，尤其是白皮书的撰写，就尝试利用 AI 技术完成标准化、模板化的工作；数据宝也开始使用数字人技术为董事长制作数字人形象；数据宝还采用了一些更加智能的技术，在智能推广、智能获客、数据资产分析方面进行应用，在部分场景已经形成定向采集、简单数据分析；数据宝的技术部门正在开发运维智能化系统，拟实现能够自动识别并定位网络拓扑结构中的故障点，并实现自动修复。二是鼓励企业员工在工作中使用、发现人工智能技术。同时，要求所有岗位的员工将使用较好、能够提升办公效率的软件、App 等记录下来，定期向上级管理部门汇报。上级管理部门会根据收到的反馈专门查看这些软件和 App，如果验证确实能够提升工作效率，会在企业大范围推广，并且对此推荐人进行奖励。这种管理方式不仅可以激发员工使用智能软件的热情，而且也是充分利用人工智能改进管理技术的有效方法。

第八章

促进数据要素市场化的进一步思考

　　数据是促进形成新质生产力的关键要素，也是推动高质量发展的基础性和战略性资源。目前，数据要素已经融入生产、分配、流通、消费等社会各个环节，数据要素市场化是激发数据要素活力和释放数据价值的关键抓手，也是推动数字经济高质量发展的重要路径。本章通过挖掘"数据宝模式"的理论价值与实践价值，总结其对推进数据要素市场建设的启示，并提出完善数据要素市场化的对策建议。

第一节　"数据宝模式"的理论价值与实践价值

　　实践快速创新与理论研究滞后是数据要素领域的突出矛盾。"数据宝模式"在数据要素领域既是一个实践探索过程，也是一个理论创新过程。

一、"数据宝模式"的理论价值

通过对"数据宝模式"开展研究，其理论价值可以总结为三个"有助于"：有助于推动生产要素理论创新；有助于更好地理解数字经济运行机制、有助于更好地促进数字经济与实体经济深度融合。

（一）研究"数据宝模式"有助于推动生产要素理论创新

生产要素理论是一种解释学规划，其发展路径可以概括为从物象化的实体论逐步转向物象化的关系论。在不同时代背景下，生产要素的内涵有很大差异。从古典政治经济学视角来看，生产要素代表着物质、技术等生产条件，是纯粹的生产实体；而从马克思主义视角来看，生产要素是一种服从历史规划的社会实体形式[①]。随着数字经济的迅猛发展，生产要素已经不局限于传统的劳动、资本、土地以及技术，数据已然成为一种生产要素。数据要素自身及其与其他要素之间的关系，都给生产要素理论带来了新的变革。一是数据要素适配数字经济时代的发展需要。当前，我们正从工业时代进入数字时代，数据资源作为数字时代的生产要素进入生产环节，能够突破传统生产要素面临的一些约束，驱动生产范式变革、推动生产关系重构，给资源配置效率和生产效率带来显著影响[②]，并且这种影响会日益加深。二是数据要素推动生产函数变革调整。相较于劳动、资本、土地等传统生产要素，数据是一种兼具公共属性与私人属性，具备资源、产品、服务、创新等多元价值，呈现非竞争性、非损耗性、强可再生性等特征，从微观上能够助力生产活动更加科学化合理化，推动生产函数实现更加自动和科学的由低级到高级

---

① 许光伟：《生产要素理论的比较、批判与建构》，《经济纵横》2012 年第 1 期。
② 于立、王建林：《生产要素理论新论——兼论数据要素的共性和特性》，《经济与管理研究》2020 年第 4 期。

的连续性变化过程的要素。三是数据要素改变生产要素结构和比例。目前，数据要素仍存在计量、产权、分类等一系列问题，但数据已经广泛应用于经济社会各领域，它的出现改变了生产要素的重要性排序，并对其他生产要素具有乘数效应，对要素的收入分配格局有着日益重要的影响。

数据要素的创新应用成为一个既是短期也是长期、既是局部也是系统、既是微观也是宏观的关键性问题。与此同时，对数据要素的应用还处于不断探索的过程中，而数据的重要性也日益凸显。随着实践的深入，关于数据要素的经济学理论也在不断完善，生产要素理论的创新也在进一步加强。专注于数据要素市场的“数据宝模式”，一方面，通过“四化”建设方案把数据要素转化为企业需要的数据产品，为交通、金融等不同行业直接提供数据服务，从服务商的维度为推动数据要素理论研究做出一定的贡献；另一方面，数据要素既有其他生产要素的共性特征，同时又有其独特之处，如数据要素自身的技术、定价、交易等特点，以及企业需要新的运营模式与竞争策略，其中涉及很多正在探索的经济学和管理学的理论问题，“数据宝模式”在国内同类企业中率先完成了数据要素市场化全生命周期管理闭环，并取得了一系列成绩，这为推动数据要素切实成为生产要素提供了参考，也拓展了生产要素理论创新方向。

（二）研究“数据宝模式”有助于更好地理解数字经济运行机制

当前，在新一代数字技术赋能下，数字经济加速演变、不断创新。从全球来看，数字经济已经成为影响国家产业格局和国际分工的重要因素；从我国来看，我国数字经济正在进入深化应用、规范发展、普惠共享的新发展阶段，即表现为从规模扩张转向创新提质、从无序生长转向规范健康、从传统企业转向新型实体企业、从传统企业转向新型实体企业等。数字经济发展整体上仍处于初级阶段，但毋庸置疑，数据要素驱动数字经济发展的特征日益显著，数字经济已经充分显示出了改变传统经济发展规律、模式、组织形态的力量①。与此同时，数字经济运行机制也日益成为理论界和产业界关注的焦点。产业数字化和数字产业化是促进数字经济发展的"双轮"。产业数字化是在数字技术支撑下，通过数据等要素实现传统产业的改造升级和价值再造；数字产业化是通过数字技术直接提供产品、服务和解决方案的过程，数据直接发挥作用。无论是产业数字化还是数字产业化，数据都是不可或缺的生产要素，即从本质上来看，数字经济是通过数字技术使数据资源转化为生产要素或者直接生成数字产品和服务的一种新经济形态，数据要素与传统生产要素协同释放要素的内在价值②。因此，数字经济是以数据为关键生产要素的新型经济形态，并深嵌于传统经济社会发展系统，在与传统经济形态的融合中实现价值跃升。从某种意义上来说，数据是理解数字经济运行的关键。

当前，数字化转型的影响已经在不同领域逐步体现出来，成为数字时代经济社会发展的一种内在逻辑。在此背景下，数字经济运行是一个复杂的系统性工程，涉及技术、政策、要素、平台等多方面内容。因此，关于数字经济运行机制的研究，既是一个重大实践问题，也是一个重大理论问题。"数据宝模式"提供了一个分析数字经济运行机制的微观入口，可以助力总结与提炼数据资源对数字经济发展的作用机理，从而更好地理解数字经济运行机制。通过对"数据宝模式"的研究，一方面，可以阐明数据商品化对数字化转型的推动作用，将多元数据融合成数据商品，并提供全周期性服务，满足

---

① 史丹：《数字经济条件下产业发展趋势的演变》，《中国工业经济》2022 年第 11 期。
② 夏杰长、张雅俊：《数字经济赋能中国经济高质量发展——学习习近平总书记关于发展数字经济的重要论述》，《理论学刊》2023 年第 5 期。

不同行业和不同场景的数字化发展需求；另一方面，基于数据产业"老中医理念"，可以深入挖掘数据要素的资源属性，描绘数据"草料"向数字经济发展"养料"的转化过程，满足数字经济发展的异质性数据需求，成为数字经济持续发展壮大的核心引擎。

（三）研究"数据宝模式"有助于更好地促进数字经济与实体经济深度融合

数字经济与实体经济融合（数实融合）发展，既培育壮大了新兴经济生态，也重塑升级了传统经济体系，这不仅是做实做强做优实体经济的必然要求，而且是实现数字经济高质量发展的必由之路，同时也是有效应对宏观环境不确定性的必然选择。当前，我国数实融合呈现加速发展态势，数字经济规模和质量同步快速提升，实体经济发展质效也在稳步提升，新兴产业发展动能持续增强；同时，数实融合规模和范围不断扩大、融合层次不断深化，对供给体系优化提效作用日渐显著。从理论上看，数实融合具有二重性特征和三重基本逻辑，其中二重性特征是指数实融合既包括数字经济、实体经济自身发展，也包括数字经济对传统实体经济的影响[1]；数实融合发展的三重基本逻辑是指，通过创新逻辑形成新技术生态，通过增长逻辑提升生产效率，通过应用逻辑增强场景适配[2]。在推动数实融合过程中，数字基础设施是底座和支撑，数据要素则是融通的关键。在数字技术的支撑下，各领域的经济活动和生产行为加速数码化，数据的可共享、可扩充、可组合、可迭代、可持续等特点，可以助力推动数字经济与实体经济之间形成泛在互联、

① 陈雨露：《数字经济与实体经济融合发展的理论探索》，《经济研究》2023 年第 9 期。
② 何骏、张祥建：《数字经济与实体经济如何"双向奔赴"》，《文汇报》2023 年 9 月 3 日第 7 版。

要素融通、高度赋能的新型经济生态系统①。

数字经济与实体经济融合发展是正在推进的生动实践，其中也蕴含着丰富的理论内涵：数字经济为实体经济发展提供新的科学范式和生产范式，为传统产业转型升级注入了新活力、新动力；实体经济为数字经济发展提供持续增长的市场空间，为数字产业创新提供新应用场景。数据在数实融合中的作用和地位日益成为学者们的研究焦点。研究"数据宝模式"，可以在纷繁复杂的数实融合实践活动中抓住数据要素与传统要素交互这条主线，从要素角度深入挖掘数字经济与实体经济之间的内在联系。具体来说，基于产业与业务布局的"数据宝模式"，一方面，以数据服务为主要抓手，推动数据资源流动，在传统产业中挖掘更多新的数据应用场景，推动数据流和管理流有机融合，促进产业链各环节优化协同，助力物流全链条高效运行，赋能实体经济发展。目前，数据宝提供的数据服务已经覆盖了金融、保险、物流、汽车等实体经济领域。另一方面，数据宝推动数据产业链与其他产业链融合发展，积极联动产业上下游优质资源，提升传统产业"含数量"，带动产业价值链升级，推动数据以生产要素的形式实现价值创造和价值呈现。"数据宝模式"成为以数据资源为桥梁促进数字经济与实体经济融合的典型代表。

二、"数据宝模式"的实践价值

理论价值主要强调"数据宝模式"在学理方面的影响，实践价值则主要突出数据宝模式对现实问题的参考价值。基于对国有数据资源的深度挖掘，本书认为"数据宝模式"的实践价值主要体现在三个方面：从用户价

---

① 左鹏飞、陈静：《高质量发展视角下的数字经济与经济增长》，《财经问题研究》2021 年第 9 期。

值来看，开辟了数据应用的新业态；从商业价值来看，提供了数据要素市场化的新方案；从社会价值来看，拓展了数据要素向现实生产力转化的新路径。

（一）开辟了数据应用的新业态

数据流通与数据应用是数据价值形成的"一体两翼"。目前，数据应用带来的诸多益处已经获得广泛认可。从本质来看，数据应用就是通过相关方法和工具对数据进行应用，以便为企业的决策、生产、管理、运营、研发等提供支撑，实现数据的价值创造。具体来说，企业通过数据应用能够产生显著的资源效应和信息效应，其中，资源效应是指数据应用能够促进企业自身资源基础与动态能力协同发展，改善资源错配情况，从而增强业务能力；信息效应是指数据应用能够助力企业提升知识和信息管理能力，有效打破信息不对称壁垒，提高外界对企业价值的评估[①]。同时，也有大量研究表明，数据应用还能够产生显著的创新效应，给创新资源、创新主体和创新成果带来积极影响，从而增强企业研发创新能力。然而，由于数据应用在合作方式、开放程度、场景构建等方面仍存在一些问题，目前成熟的、广泛应用的数据应用模式仍较为少见，多数仍处于不断的探索过程中。

随着我国诸多领域加速推进数字化转型和智能化升级，以数据要素为核心的经济活动日益增多，然而数据资源在流通和应用过程中面临着数据确权、数据定价、数据监管等现实困境。以促进国有数据创新应用为导向，数据宝开辟了数据应用的新业态。一是推出场景应用商品化。从细分场景切入行业痛点，通过建模加工积木化和场景应用商品化，提供合格、合法、合

---

① 高玉强、王子帅、张宇：《大数据应用如何抑制企业投融资期限错配？——资源效应与信息效应》，《金融论坛》2023 年第 10 期。

规、合适的数据商品，有针对性地满足不同企业的数据需求。目前，数据宝已经建立了 300 多个垂直模型应用，覆盖金融、保险、交通、物流、政务等 300 多个产业应用场景。二是建设数据要素创新平台。数据宝立足地方特色，以数据要素供给为牵引，加强数字技术创新，推动数据要素创新平台建设，激活数据创新应用，促进数据资源转化，打造数据驱动发展的有效载体，积极通过平台形成一批创新型、标志性的数据要素创新应用典范。三是打造数据应用产业生态。数据宝围绕将数据原材料加工成数据产品这一主线，不断优化数据应用产业链条，探索打造强劲活跃的数据要素产业集群，推动数据流通闭环和数据业务闭环"两个闭环"建设，积极培育良好的数据应用产业生态。2022 年，阿里云授予数据宝年度产品生态伙伴大奖。

（二）提供了数据要素市场化的新方案

数据要素市场化是激活数据要素潜能、促进数据资源最大化利用的主要途径，也是提升经济发展韧性、增强发展新动能的重要抓手。数据要素市场化的目标是构建以市场为基础的数据资源配置体系，是通过市场经济条件实现数据要素价值潜能的转化过程。数据要素市场化是数据生产过程和数据流通过程的综合体系，具有生产要素化和配置市场化双重内涵。一方面，数据要素市场化能够进一步促进数据要素有序自由流动，推动数据资源更高效的利用，为经济韧性注入新活力，助推产业结构转型升级，释放新质生产力。另一方面，数据要素市场化能够进一步促进数据、资本、劳动力等多要素协同发力，形成新的生产要素组合，提升资源配置效率，提高经济发展的适配性。与此同时，数据要素市场化既是数字经济高质量发展的新要求，也是市场经济发展面临的新问题。然而，当前我国数据要素市场化步伐不仅远滞后于资本、土地等传统要素市场，而且滞后于数字经济发展的实际需要。

当前，我国数据要素市场整体处于加速培育阶段。为充分发挥海量数据规模和丰富应用场景优势，我国在政策上鼓励各类经营主体参与数据要素市场建设，支持探索不同形式的数据交易模式，探索数据要素价值转化多元路径。围绕推动国有数据资产增值，数据宝提供了数据要素市场化的新方案。一是流通交易合规化。流通是数据要素市场化发力的重点，数据宝通过加强运营、授权、增效、源头四个环节的合规建设，推动完善自内向外全流程业务合规体系，确保数据的合法、安全、高效流通交易。二是共同构建数据市场。数据市场的形成需要多方力量参与建设。数据宝积极寻找优质的生态合作伙伴，持续与华东江苏大数据交易中心等伙伴携手推进数据市场建设，通过充分发挥各自优势，创新合作领域，拓展数据应用深度和广度，助力不同行业发展，推动国有数据资产增值、开放、流通，加速释放数据要素价值。三是推动政务数据要素市场化全生命周期管理。聚焦国有数据赛道，围绕政务数据全生命周期进行产品规划与服务落地，数据宝通过数据治理智能化、建模加工积木化、场景应用商品化、流通交易合规化等方式，持续推进数据管理标准规范建设，助力推动政府部门数据要素融合，积极盘活政务数据资源。

（三）拓展了数据要素向现实生产力转化的新路径

当前，数据要素驱动各行各业进行着新一轮的业态创新，为产业创造新的增长点提供契机，"数据生产力"特征日益显著。从内在逻辑来看，数据作为数字时代的生产要素，能够促进供需两端渠道畅通，推动产业链条重构，助力完善不同类型消费场景，增强不同场景匹配，为消费者提供更加符合需要的产品，并通过数据的高效传输实现对产品反馈的及时跟踪处理，推动传统产业实现网络化连接、可视化呈现、数据化运营，加快数据要素向生产力转化。本书认为，数据生产力是数字时代的一种与经济社会发展高度适配、和谐相处的新型生产力。

数据要素是社会生产力发展的产物，也体现了要素由传统向现代的转化过程[①]。然而，目前经济社会对高质量、高价值数据的需求与不平衡不充分的数据供给之间的矛盾日益突出，而矛盾的源头在于供给侧。聚焦国有数据要素的供给侧结构性改革，数据宝拓展了数据要素向现实生产力转化的新路径。一是研究推进数据服务和产品标准化。标准化工作是推动数据供给侧结构性改革的重要手段。数据宝通过推进"两个标准化"推进数据供给侧结构性改革，一方面，数据标准化管理，从源头推进标准化，对数据原材料加工修复；另一方面，打造标准化接口，对接泛互联网、金融、保险、物流、汽车等行业，实现数据产品与企业的多维度对接。二是推动数据要素融合应用。数据宝基于自身在数据领域的发展经验，既推进多元大数据融合创新应用，也促进数据要素与其他传统生产要素融合应用，积极利用"数据"生产要素与"算力"核心生产力相结合，并不断加快国有数据融合速度，充分发挥数据资源的要素价值。三是构建与数据生产要素相适配的生产关系。数据宝多年的实践与探索，形成了数据要素向数据生产力转化的丰富经验，有助于完善数据要素市场体制机制，推动构建与数据生产要素相适应的新型生产关系，实现数字技术、数据要素乘数效应的充分发挥，助力解放和发展数字时代的生产力。

---

① 何玉长、王伟：《数据要素市场化的理论阐释》，《当代经济研究》2021 年第 4 期。

第二节 "数据宝模式"对推进数据要素市场建设的启示

数据市场化进程的快慢，取决于数据资源的开发利用水平与数据服务的用户粘性程度。通过对"数据宝模式"的研究，本书从拓展有效连接、运用系统思维、构建闭环机制、持续会聚人才、强化资质建设五个方面总结其对于推进数据要素市场建设的启示。

一、通过拓展有效连接提升数据价值

数字经济时代，梅特卡夫定律（Metcalfe's Law）是理解数字产业价值的关键性定律。梅特卡夫定律本意是指网络的价值等于网络内节点数的平方，也就是连接的节点越多价值越大，这一规律同样适用于数据产业。作为国内领先的数据要素市场化服务商，数据宝持续深耕国有数据领域，监测数据供需两端同步发力，持续拓展数据源头和扩大数据服务对象，不断增加有效连接数，形成数据网络效应，推动数据产业价值提升。一是积极对接国有数据资源。在打造数据网络效应的过程中，数据宝的定位是提供数据服务而非拥有数据，着力在数据资源供给端与数据产品需求端构建合法合规的数据价值流通渠道，实现增值性服务。截至2023年2月，数据宝已链接50多家国有数据资源方（部委厅局、央企、地市国企等），并在不断扩大供需两端的覆盖范围。二是探索多种场景应用。场景化是提升政务数据应用质效的关键路径。数据宝积极探索数据的多场景应用，持续推动场景应用商品化，促进更多应用场景在不同行业落地。一方面，依托数据推动传统应用场景升级，有效激发场景创新；另一方面，积极在全新领域开发和创建新的应用场景。目前，数据宝完成了300多个成熟应用场景，包括AI、物流、金融、保险、电商以及政务等领域。三是赋能行业发展。相较于传统生产要素，数据的赋能作用显著。数据对于具体业务赋能作用，主要表现为可以推动产业链供应链的数字化重构，促进产业转型升级。例如货运行业，数据宝发现网络货运领域存在巨大的合作空间，通过与行业主要头部客户进行业务合作，深度挖掘行业背后的价值。

二、运用系统思维提升客户黏性

目前，数据服务领域的客户黏性相对较低，其根源在于大量数据服务商沿袭"买定离手"的思维或者纯中介的自身定位，导致数据服务商难以满足客户不断变化的需求，业务的可持续性较差，供需双方绕开服务商开展交易的现象经常发生。面对数据服务行业的难点与挑战，数据宝运用系统思维不断增强产品和服务的适配性，精准满足客户的不同环节需求，稳步增强使用体验，进而提高客户的满意度和忠诚度。一是构建完善数据业务闭环。数据宝通过加强细分数据资源网络和细分行业客户网络建设，提供数据要素市场化全生命周期管理服务，打造可持续的商业模式，形成完全流程、业务闭环的企业发展稳态。例如，为打破二手车市场信息不透明稳态，数据宝推出二手车平台大数据应用方案，实现从用户身份核验、车辆信息录入、车辆配置查验、二手车金融风控等多业务的一站式服务。二是不断开发新工具。产品或服务不能匹配客户不断变化的需求，是导致客户黏性下降的重要原因。数据宝通过开发新工具，引入新的功能，满足用户日益增多的需求。例如，在金融行业，数据宝通过深度融合金融行业数据，推动数据资产质押融资、数据资产证券化、数据资产信托、数据资产担保等一系列金融产品创新。三是完善不同场景接口。数据产业生态的形成是一个个场景的集合。数据宝通过完善不同场景接口，促进不同场景的广泛连接，营造多方共创的数据应用场景生态。例如，为助力构建绿色文旅平台，数据宝通过多场景、多接口，在文旅平台商家入驻、预约购票环节、进入景区、演出现场等人脸识别等不同环节均提供身份核验类 API 接口。四是研发垂直领域算法模型。大模型是人工智能时代的重要特征与趋势。数据宝积极在垂直领域研发算法模型，服务于企业应用场景。例如，在车险风控领域，数据宝开发了车险因子及风险分模型，并被多家财险公司使用。

三、构建闭环机制提升安全保障能力

安全没有保障，数据产业的发展就不牢固，国有数据的安全问题更是重中之重。基于"数据可用不可见，数据不动价值动"的数据安全理念，数据宝持续发力数据全生命周期安全管理体系建设，通过构建闭环机制提升安全保障能力，努力打造数据和价值之间安全可靠的桥梁。一是组建专门的安全技术中心。数据宝聘请和招纳安全技术行业的优秀人才，创建数据安全技术研发中心，并重点研发两类技术：数据产品安全管理技术和数据产品安全测评技术，从管理和测评两个方面入手不断提高安全技术水平。二是构建数据产业链安全闭环。立足实现产业链整体安全，数据宝在采集、融合建模、应用、交易流通等数据各个生命周期阶段，为企业提供差异化的安全技术支持和管理服务，全方位确保数据要素安全运用，积极构建基于安全的数据流通交易体系。三是打造"三真"准入审核机制。为保障数据交易顺利完成，数据宝在国内率先提出要审核客户的新举措，并开创出"三真"准入审核机制，要求客户提交真实合法企业证明、真实的应用场景与真实的用户授权，只有通过审核后的企业才能进入交易环节，谨防出现非法滥用国有数据资源情况的现象。四是创建了"四位一体"安全体系。基于多年实践形成的数据产业安全观念，数据宝提出"四位一体"架构的数据要素商品化安全体系，即主体安全、运营安全、资质安全、技术安全，四个部分有效衔接、协同发力，确保国有数据交易的合法、合规、安全。

四、持续会聚人才提升创新能力

人才是企业发展的永恒主题，对于创新要求高、变化速度快的数据要素领域更是如此。人才是数据要素市场建设的第一资源，是数据服务业企业发展的重要基石。数据宝坚持以人才为中心，始终把人才摆在发展逻辑起点、企业核心竞争力建设的核心位置，不断提升企业对外部变化的适应能力。一是实行轮值 CEO 制度。轮值 CEO 制度是企业管理中的创新实践，不仅打破了传统单一领导模式，推动管理思路和管理风格多元化，而且促进重要事项决策权适度分解与平衡，保障企业战略决策的科学性。轮值 CEO 制度由华为首创，并被多个公司参考借鉴。数据宝推行轮值 CEO 制度，以提升人才储备厚度、激发管理团队创新活力，促进公司管理更加平稳有序和科学高效。二是加强人才培养和使用。早在成立之初，数据宝就实施校企联合培养人才模式，与贵州轻工职业技术学院共同举办初级数据人才培训班，并逐渐发展为高级的、定向的大数据分析、挖掘的培训班，不仅为社会培养了一批数据领域的专业人才，同时也为公司发展培养了所需的各类人才。同时，数据宝还积极与贵州大学等高校开展产学研合作，促进数据产品的开发，并培养具有实战经验的数据人才。三是聘请外部行业专家形成精尖人才团队。企业发展壮大除了要综合利用企业家和团队的智慧，也需要发挥外部行业专家的专业经验。数据宝高度重视专家咨询工作，积极聘请外部技术专家，充分发挥"外脑"作用。

五、强化资质建设提升竞争壁垒

数据要素市场是一个快速发展的新兴领域，相关资质体系正处于构建过程中。数据宝高度重视资质建设工作，持续打造行业资质壁垒，不断以"小"资质撬动"大"市场，积极拓展市场准入，深入挖掘企业已经获取的资质的作用。一是强化企业自身定位。数据宝充分发挥"国资参股、政府监管扶持、市场化运作"的综合优势，突出大数据资产交易合法经营资质属性，聚焦主业深度挖掘国有数据资源价值，不断强化自身的国有数据资产增值运营服务商的发展定位。二是布局专利领域。专利是企业创新能力的有力证明，也是布局新赛道的重要支撑。作为数据要素领域的先行者，数据宝积极开展技术研发与专利布局，获得了近百个大数据领域专利，涵盖数据处理和传输、数据保护、识别和评估等核心技术方向。三是申请国家资质。以提升企业竞争力为导向，数据宝积极推进资质建设，保持与国家数据要素领域的资质体系建设相同步，并拉开与竞争对手的差距。目前，数据宝已经取得了信息系统安全保护三级备案认证，并通过 DCMM3 级、CMMI3 级、ITSS 云计算 IaaS 服务能力三级等认证。

第三节 完善数据要素市场化的对策建议

一、稳步推进数据资产入表落地，激活数据要素市场发展内生动力

当前，数据资产入表已经进入实质性落地阶段，数据正在加速从资源要素转向经济资产，会吸引更多企业进入数据资产赛道，也将由此引发数据要素市场化的全面竞争。一是持续完善数据资产入表路径。推动政产学研发挥合力，出台专项资金支持方案，加快解决数据确权、数据治理、数据流通、收益分配等入表的前置条件，推进数据资源核算体系建设，鼓励企业积极探索数据市场化模式准则，畅通数据入表路径。探索制定数据资产入表操作规程，推进专业服务体系建设。二是夯实数据资源的会计理论研究。要持续跟踪国际会计领域的数据资产化前沿研究，加大数据资源相关会计处理研究力度，统筹我国数据要素产业发展现状与趋势，推动会计理论实践与数字经济发展相结合，深化数据资源会计的价值创造理论，不断巩固数据入表的理论基础。三是推进数据资源价值评估体系完善。加强不同类型数据资源价值评估工作，推进数据资源成本或价值的可靠计量，做好数据资源有关经济利益的论证工作，持续完善企业数据资源价值评估体系，加快畅通数据资源资产化实现路径。四是加强数据入表合规风险管理。坚持有效保护与合法利用并重，有序推进企业将合法拥有或控制的数据资源纳入自身财报，进一步增强

企业责任意识与自律意识，完善数据入表全流程风险监管机制，确保数据采集汇聚、加工处理、流通交易、开发利用等不同环节符合法律规定。五是强化数据入表前后的衔接工作。继续完善数据资源相关管理政策和法律法规，加快出台数据资源相关标准和规范，加强相关信息披露，确保数据资源的合理利用与权益保障。做好数据入表前后的衔接工作，要在会计确认计量方面与现行无形资产、存货、收入等相关准则保持一致，避免出现前期已经费用化的数据资源重新资本化。

基于多年数据资产价值化实践和数据要素全生命周期管理经验，数据宝创新性地提出了"数据雪球理论"，推动企业通过建立和完善数据资产运营管理体系实现数据资产的保值增值，实现数据资产可持续的良性循环，形成"滚雪球"式的数据资产持续增值能力（如图8-1所示）。

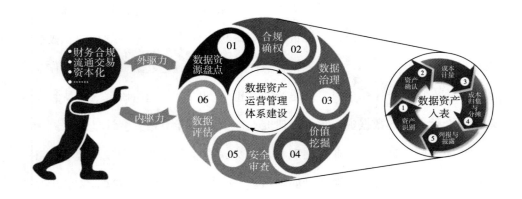

图8-1 数据宝"数据雪球理论"

资料来源：数据宝公司。

二、夯实数据要素流通基础，助力传产业数字化赋能

数据要素流通效率直接决定了数据要素市场建设进程。一是提高数据要素有效供给。持续优化数据市场准入环境，完善准入机制设计，鼓励和吸引更多企业参与数据交易，不断扩大数据要素的使用范围和运用场景，推动数据要素市场交易形成规模效应。二是强化数据流通技术创新。以满足关系型、实时性、结构化等多类数据计算需求为导向，积极持续推进技术创新和应用，增强多源异构数据处理能力，探索隐私计算在数据传输中的应用，增强数据资源跨机构流通安全性。三是推动数据可信流通体系建设。加强区块链技术应用，加快推进可信数据空间建设，完善可信数据流通技术体系与应用体系，推动数据要素实现安全可信的流通。四是推进数据要素流通生态场景建设。支持产学研深入合作，加强数据流通场景开发，推进数据产品和服务体系建设，探索培育一批专门的数据流通解决方案供应商，积极拓展企业内外部数据要素融合应用场景，不断降低数据应用成本和专业壁垒。五是拓宽数据要素融入传统产业路径。聚焦数据要素产业链中的流通环节，完善数据要素流通规则体系，加快打通不同链条之间的流通渠道；鼓励数字科技企业积极向传统产业延伸数据价值链，加强应用场景创新，支持通过数据加工、数据清洗、数据融合等技术助力传统产业转型升级。

三、推动多层次多样化数据市场体系建设，不断丰富交易内容

当前，数据市场的主要交易对象为原始数据和数据产品，而大规模标准化的数据要素交易则相对缺乏，难以满足日益多元化的数据交易需求，对数据价值的发挥形成制约。因此，需要构建多级市场体系，促进数据资源、数

据要素、数据产品和服务的有效交易。一是推进数据资源市场建设。重点解决数据授权、数据流通等问题，不断完善数据资源持有权和使用权的转让或授权许可机制，促进数据集、数据接口等形式的原始数据资源交易。加快数据交易对象明确工作，持续拓展可交易数据范围，有序增加公开交易的数据数量与种类。二是积极打造数据要素市场。进一步规范不同领域数据资源描述方法，持续推进数据资源标准化，加快数据资源标准与规范建设，推动数字产业链上下游企业数据资源标准化呈现，加强专门的数据要素的交易流通场所建设。三是加大数据产品和服务市场支持力度。重点加大对数据服务商的政策支持，支持和鼓励对数据资源进行加工处理和算法模型化，丰富数据产品和服务形式，满足不同场景的用户需求。四是支持数据分类分级授权。突出合法合规采集，支持数据企业通过用户自主授权、市场化授权等方式开展数据收集，持续降低因数据获取产生的交易成本。五是强调数据市场体系差异化发展思路。加强对数据资源市场的国家统一监管，确保涉及个人隐私、商业秘密和国家安全等相关数据得到保障；以制度创新为引领，加快推动数据要素市场化运营；鼓励各类市场主体进入数据产品和服务市场，不断扩大市场规模。

四、完善数据产权登记制度，推动数据资产化提质增效

《关于构建数据基础制度更好发挥数据要素作用的意见》（"数据二十条"）创造性提出了数据的资源持有权、加工使用权和产品经营权"三权分置"框架，为我国数据产权制度体系建设指明了方向，也对数据产权登记制度提出了新要求。一是推进数据要素登记平台建设。加快建立全国数据要素统一登记平台，推进数据要素登记系统建设，提升数据要素登记服务水

平，强化登记平台和交易平台的信息互通。推动出台数据产权和登记体系相关指导意见，从政策层面为全国统一数据要素登记平台提供依据。二是鼓励地方开展登记试点。支持数据要素市场发育程度好的地区优先开展登记工作，选取一定代表性案例进行研究；鼓励探索数据要素登记新方式，推动建立登记操作规范，加快形成登记工作具体流程。三是进一步细化法律法规体系和标准规范体系。通过基础性规律性研究与地方实践相结合的方式，逐步建立数据要素登记的法律法规体系和标准规范体系，明确法律边界，指导行业合规发展。四是调动全社会力量参与建设。鼓励政府、科研机构、企业等多元主体参与登记平台建设，不断拓宽数据产权登记应用场景，推动登记制度的发展与完善，加速数据产权登记价值显现。五是鼓励政府部门和国有企业优先。建议根据数据产权立法进度，有序推进不同主体登记，鼓励地方政府和国有企业在登记平台率先登记，发挥示范引领作用。

五、推动数据价格形成机制建设，提高数据产品估值水平

数据定价日益成为数据要素市场化的关键制度瓶颈。应当在多层次、多样化数据市场的框架下，加快构建有利于数据要素价格的形成机制。一是完善数据资源的场景定价模式。基于原始数据资源定价高度灵活性的特点，存在"千用千价"的客观事实，探索从场景角度入手，推进和完善基于差异化场景的数据资源定价模式。二是探索以成本法为主的数据要素定价模式。建议从数据采集整理、数据标准化、隐私保护、算力投入等各种投入入手，基于数据资源向数据要素转化的可计量成本，评估数据要素市场价格。三是推进以收益法为主的数据产品和服务定价模式。建议从预期成交价、数据血缘、模型贡献度等相对标准化指标入手，立足产品和服务预期收益，进行市

场评估定价。四是合理发挥政府对数据价格的指导作用。充分借鉴公共服务领域实行政府指导定价的原则，完善公共数据成本核算机制，推动建立覆盖公共数据和社会数据的国有数据定价体系，并探索出台公共数据政府指导定价管理办法。五是坚持企业与个人数据市场自主定价原则。鼓励各类市场主体与交易平台从供需、成本、收益、价值等因素出发，坚持市场化原则，推进定价机制形成。

六、构建数据价值转化渠道，促进新质生产力形成

推动数据要素市场化建设，完善数据价值转化渠道，是促进形成新质生产力的重要之举。一是发挥政府与市场合力。最大限度将政府和市场的作用发挥出来，营造有利于数据要素市场发展的营商环境，加快打破地区行政壁垒，推进统一数据市场制度建设，吸引更多数据资源拥有主体进入交易体系，推动数据要素自由、有序流动，有效提升我国数据资源的配置效率。二是构建由权利主体共同参与的数据价值转化渠道。构建信息流、物流、人才流、资金流、创新流等生产要素自由流通的有效渠道。三是持续布局数据产业链。加大数据产业扶持力度，着力解决数据产业链的痛点难点，推动大数据产业持续上档升级。四是推动数据要素资源相关产业链的升级再造。加快数据要素流向实体经济，促进数字产业化和产业数字化。五是促进数据链条向不同领域延伸拓展。推动数据、资本、土地、劳动力、技术等形成综合要素平台，畅通数据要素与其他要素的交易，通过数据要素整合其他要素市场，打造以数据链有效联动的全链条体系，推动多领域数据协同增值。